分離独立と国家創設——係争国家と失敗国家の生態

SECESSION AND STATE CREATION:
WHAT EVERYONE NEEDS TO KNOW
by James Ker-Lindsay and Mikulas Fabry

SECESSION AND STATE CREATION: WHAT EVERYONE NEEDS TO KNOW,
First Edition was originally published in English in 2023. This translation is published by arrangement with Oxford University Press. Hakusuisha Publishing Co. Ltd is solely responsible for this translation from the original work and Oxford University Press shall have no liability for any errors, omissions or inaccuracies or ambiguities in such translation or for any losses caused by reliance thereon.

分離独立と国家創設＊目次

第五章　独立と国家性たらしめる機構　135

装幀＝藤井紗和　組版＝鈴木さゆみ

序章　「すべての国家は平等か？」

わたしたちは主権国家からなる世界に生きている。主権国家は国際システムの土台をなす構成要素である。にもかかわらず、このシステムは前例がないほど流動的な時代にある。

世界中のいたるところで、沢山の分離派集団や領域が独立を求めている。平和的にであれ、軍事力をつうじてであれ。一九五〇年代後半から一九六〇年代の脱植民地化の絶頂期以来、分離独立や国家創設という話題が、これほどまでに国際的な注目を集めたことはない。二〇〇八年のコソボの独立宣言や、同年のロシアによるアブハジアと南オセチアの承認の決定から、二〇一四年のスコットランドの独立を問う住民投票、二〇一七年のカタルーニャ地方とクルド地域が〔それぞれ〕スペインとイラクから分離しようとした試み、二〇二二年はじめに新たな暴力的局面に突入した、クリミアやドネツクとルガンスクといった分離独立派が存在する地域をめぐるロシアとウクライナの間での長期化した戦争まで、分離派がこれほど報道のネタになることはめったになかった。ブレグジット――イギリスによる欧州連合（ＥＵ）からの離脱――を分離派の一つの形態と見る人もいる。それから、ほとんど知られていない、あるいは将来的に台頭してくるキャンペーンもあるだろう。たとえば、中央アフリカのカメルーンにあるアンバゾニアや、エチオピアのティグレである。ほとんどの場合、成功の可能性は限りなく低いが、いくつかは将来の国家になる途上にある。ソマリランド、ブーゲンヴィル、チュークやグリーンランド、あらゆる領域が、将来的には国際連合（国連）の一員となる可能性がある。

一方、国家性の特徴それ自体が、さまざまな理由で問われている。あらゆる主権国家は真の意味で平等だ、という考えは幻想だ。アメリカ、中国、インドは太平洋の小さな島国と同じだという前提に立つのは、法的につくられた虚構である。わたしたちは、国家が国際システムの中心にあるというが、その他の多くの存在、たとえばＥＵ、国連や、主要なグローバル企業までが、現代では国際システムにおいて並外れたパワーや影響力を発揮している。グーグルとグレナダでは、どちらがより国際的に影響力を行使しているだろうか？　それから、失敗国家という、形式的には承認され、国連の一員でもあるが、国家たる存在に対する要求や責任を満たす能力がまったくない国家もある。こうした領域は、組織犯罪、海賊、テロの温床となってきたが、それでもわたしたちは主権国家として扱い続けている。なぜだろう？

自決の力

過去二世紀半にわたり、自分たちの将来を自分たちで決めることは奪われない権利だという人びとの信念は、国際政治を動かす力であり続けてきた。アメリカ、ラテンアメリカ諸国、そして多くのヨーロッパ諸国が存在しているのも、この考え方のためである。とはいえ、「自決」という用語は二十世紀はじめになってやっと国際問題の語彙に含まれるようになったのであり、第一次世界大戦後に、アメリカ大統領ウッドロー・ウィルソンという最大の擁護者が現れたからだ。今では、アメリカにおいて、人種や人種に基づく隔離について到底受け入れられない見方を持っていたと非難されているが、ウィルソン大統領は在任中、自分たち自身の諸州を国民のためのコミュニティにしようと最前線に立って尽力した。今日でさえ、いわゆる祖国に関する「ウィルソニアン・ビジョン」は、国民が自分たちの政治および国家の運命を自分たちで決めるという権利をもっとも強力に訴えるものであり続けている。

しかし、世界が自決という概念は自分たちのものになってきたと真にとらえるようになったのは、第二次世界大戦の終わり頃だった。ヨーロッパ諸勢力がアフリカやアジアの植民地帝国から足を洗い始めたからだ。国連憲章のまさに第一条に明確に規定されているように、自決権が一般に受け入れられることで、続く数十年の間に新しい国家が広く誕生するようになった。一九四五年に国連が設立されたときの原加盟国は、たった五十一カ国であった。現在、加盟国は百九十三カ国に上る。

自決の原則は、表面上は魅力的に見える。国家というアイデアは、世界中の多くの集団にとって喉から手が出るほど欲しいものであり続けているものの、歴史が示してきたのは、別の国民の政体——国際法上の専門用語で通常「親国家」と知られている——から独立を勝ち取ることは、途方もなく難しいということだ。領土を手放していいと思う親国家はほとんどない。問題の焦点となっている土地への文化的あるいは歴史的愛着や、ある州を失う経済的損失、または単に露骨な国民の自尊心ゆえに、親国家は、強い敵対心を持って分離しようとする地域や少数派からあらゆる挑戦を受ける。実際に、こうした国家は、ある領土が離れていかないように、用意周到に軍事力を使うことがよくある。アフリカ、南アジア、コーカサスやバルカンでの、過去五十年にわたる、見るに堪えない血で血を洗う一連の分離独立戦争は、親国家が、分離独立派の脅威に直面したときに、領土保全を維持するためにどこまでもやるという確かな証拠である。

たとえ、ある領土で何とか親国家を説得し、自分たちのやり方で進ませてほしいと分離独立しようとしても、分離独立交渉のプロセスは困難を極める場合がある。多岐にわたる課題に取り組む必要がある。資産の分割から国際機関の加盟に関する重要な決定まで、さまざまあり得る。たとえば、一九九〇年代はじめにユーゴスラビアが崩壊した後、かつての五共和国は、外交財産、国の史料や、年金支払いといった課題を扱う、継承に関する合意に至るまで十年を要した。

親国家からの強固な反対と同じように、独立を争う領域は、他の国家から強い抵抗に遭うことがよくある。厳しい現実だが、〔独立を〕切望する国がより広い国際社会からの支援を見出せることはめったにない。国際社会の構成員たちは、総じて分離独立について、そして、親国家の許可もなく分離独立の決定がなされたような明らかに嫌がられる事例について、細心の注意を払っている。国際社会の構成員たちは、一方的な分離に対し、孤立化や排斥をもって罰する。これはまったく驚くことではない。世界では、同じ種族で構成される国はたった十数カ国程度である。大多数の国々は、二つ以上の民族《エスニック／ナショナル》コミュニティからなる。分離独立派の動きが広まる恐怖感は強い。ある国で今日起こっていることが、明日は我が身となる可能性がある。

独立を争ういかなる領域も、独立主権国家として受容されるにふさわしいと証明する必要がある。よく引き合いに出される受け入れ基準が、いわゆるモンテヴィデオ基準である。一九三三年にウルグアイの都市モンテヴィデオでアメリカ大陸諸国が署名した条約であることから名付けられたこの基準は〔独立の〕見込みのある国に次の点を示すことを求める。確定した領域、永住する人口、領域と人口を実効的に支配する真に独立した政府、そして他の国家と関係を取り結ぶ能力である。これらの基準は、国際的な承認をするか否かの物差しとして今でも引き合いに出されるが、条約締結後数十年の間に、他の要素の重要性が増すようになった。たとえば、現代では、人権規範や民主的価値といった点に、より重きが置かれるようになった。

ある領域が国家たる条件を満たすと証明したとしても、次に立ちはだかる課題は、承認された国々からなる選ばれしクラブに入ることを正式に認められることだ。認められるには二つの方法がある。第一に、他国による承認である。法学の理論家は、承認は必要でないと長らく主張してきたが、承認は国際社会の仲間になるための関門である。これは、国家が——少なくとも形の上では——対等であると、ある領域の正統性を認めるというシグナルを出す方法である。承認は正式な外交関係の樹立に先行するものであり、外交関係が生じると、独立国家は互いに直接連絡でき、二国間合意も締結できる。

第二に、新しい国家は国際システムの一部になる必要がある。究極的な受け入れの印は、国連加盟国になることだ。第一段階では、国連安全保障理事会の拒否権を行使することが可能な常任理事国五カ国（国家性という意味で究極的な存在）を含む、十五カ国の構成国〔のうち九カ国〕からの推薦を確保する。続いて、国連のすべての加盟国からなる総会で投票にかけられる〔全体の三分の二の賛成で加盟が認められる〕。

正式な国連加盟国となることとは別に、他の組織の構成員となることで、国際社会の一員だとシグナルを発することもできる。さまざまな国連機関や専門機関、たとえば、世界銀行、国際通貨基金（IMF）、世界保健機関（WHO）、あるいは国際原子力機関（IAEA）など、数え上げればきりがない。また、沢山の地域機構もある。たとえば、EU、アフリカ連合（AU）、北大西洋条約機構（NATO）やイスラム協力機構（OIC）がある。

それから、新しい国家が承認国家からなる国際社会をつなぐネットワークに参加するための、一見ありふれた、しかし重要な方法がある。たとえば、電話のダイヤルコードやインターネット・ドメイン・アドレスを取得することだ。国際オリンピック委員会（IOC）などの国際スポーツ運営組織の構成員になることで、〔国際社会に〕受け入れられたと示すこともできる。

分離独立と国家性に関して登場してきた新しい原則？

〔分離独立を〕嘱望する国家にとって、国際社会の仲間入りをする障壁は依然として厚いが、この障壁が徐々に崩れ始めているという感覚が強くなっている。第二次世界大戦終結以降、国際秩序を下支えしてきた、分離独立に関するルールがますます挑戦を受けるようになってきたのである。

いわゆる事実上の国家の出現は、この証左である。かつて、法学上一致していた見解は、ある領域は国家であるかないかのいずれかということだった。国家性を主張するある領域が、国家性についてよく使われる基準を満たしていれば、国家だとみなされてきたはずである。現代では、国家の特徴――自己統治や明確なアイデンティティ――を備えながら、しかし普遍的には国家と認められていない領域が出現してきている。コソボやパレスチナは両方とも、国際社会において、百以上の国々に国家として承認されている。その他――たとえばアブハジア、北キプロス、ソマリランドや、トランスニストリア――は、ほとんど、あるいはまったく承認を得ていない。この先数年の間に、国際社会はこうした事実上の国家がより多く出現してくるという課題に直面する可能性が高い。この事態に、多くの人が問い始めるようになった。国際社会が新しいメンバーを対等な仲間として認める方法を再考するときが来たのだろうか、と。

独立や国家性という用語をめぐる議論が、将来的にどのように発展するかにかかわらず、確実にいえることが一つある。分離独立に左右されること――何百万人もの命、国民国家の運命――がいかに大きいかを考えれば、分離独立の問題や、新国家の出現は、この先何年も、国際の平和と安全にとって主要課題であり続けるだろう、ということだ。

第一章　国際政治における国家性と分離独立

国家とは何か?

国家性の概念は何百年もの間存在してきたが、正式に受け入れられた「国家」の定義は、一九三三年になってやっと登場した、と知ると驚くかもしれない。国家性について、明確にかつもっとも簡潔に法的説明を提供すると一般に理解されているのが国家の権利および義務に関するモンテヴィデオ条約である。この条約によれば、国家は四つの主要な特徴を有する。(1)確定した領域、(2)永住人口、(3)政府、そして(4)他の国家と関係を取り結ぶ能力である。

より広い意味では、国家とは、現代国際システムにおいて基礎をなす政治的・法的単位として、もっともよく理解されている。国際機構や多国籍企業といった他のアクターも国際政治の中に存在し得るが、このシステムは、他とは明確に異なる独立の政治単位としての主権国家から成り立っている。

主権とは何か?

国家性の中心には憲法上の独立原則があり、「主権」としてより知られている。対内的には、主権によって、国家はその領域と人口の上に立つ最高の法的権力を有する。少なくとも形式的には、国家は国境の内側で統治にかかわる問題について最終決定権を持つ。一方、対外的には、主権とは、国家が独立の政治体であると考えられることを意味する。法的にいって、かつ定義上は、いかなる国家も他の国家に服従しない。すべての国家は司法上平等である。とはいえ、国家は、国際法の下での権利と義務の束に拘束される。これらの中には、他国の国内問題に干渉しないという国家の義務や、他の国家が自国の主権、独立や国境を尊重すると期待する権利を含む。

もちろん、現実には、状況は幾分異なる。主権は、すべての国家が国際システムの中で、かつ国際法の下で、技術的には平等であることを意味するが、明らかに、国家間には大きな差がある。世界で経済的かつ政治的に最強の国家と最弱の国家は、本当の意味での平等とはほど遠い。にもかかわらず、正式な法的見解では、アメリカと最小の太平洋島嶼国は、国際システムの中では平等なのである。この平等をおそらくもっともよく確認できるのが国連の場であり、各加盟国は、総会という国連の主要な政策決定機関において、一席と一票の投票権を持っている。

「確定した領域」とは何か?

国際法の下では、国家は領域がなければ存在し得ない。「確定した領域」は国家性の四つの主要な要件の一つであり、領土を持たない国などない。とはいえ、これが実際にどういう意味を持つかは議論の余地がある。国家たらしめるのに必要な領域の最小範囲は決められたことがない。しかも、各国家の実際の国土サイズは相当多岐にわたっている。世界最小国家はバチカン市国で、たった四十四ヘクタール（〇・一七平方マイル）であり、最小の国連加盟国はモナコで、二百ヘクタール（あるいは〇・

七八平方マイル）を少し超える程度である。この物差しの対極には、最大の国家ロシア連邦があり、千七百十万平方キロ（六百六十平方マイル）を有し、これは次に大きい国家であるカナダのほぼ二倍である。

確定した領域という用語は、他の問題も提起する。はじめに、確定した領域とは、固定され、普遍的に合意された国境という意味ではない。多くの国々が、国境はこれから確定するという段階で誕生した。たとえば、インドもイスラエルも、それぞれ一九四七年と一九四八年に独立を宣言したが、国境に関しては最終的な合意に落ち着いていない。ときには、独立後長期間経過してから国境紛争や国境問題が生じることもある。こうしたことが生じる理由は、ある政府が、それまで休眠状態にしていた領土保有の主張を再活性化させる決定をするためである。イラクが一九九〇年、クウェートはオスマン帝国時代にイラクの一部であったと主張し、不法にクウェートに侵攻し、併合した事件のように。あるいは、国境紛争は自然の地理的変化によっても生じ得る。たとえば、川が流路を変える場合がある。これによって、アメリカとメキシコ、ベルギーとオランダ、スロバキアとハンガリーで国境の変化が起こった。

さらに、確定した領域を持つことは、ある国のすべての領域が必ずくっついているか、そうでなければ隣接していなければならない、ということを意味しない。諸島群からなる国――モルディブ、セーシェル、ミクロネシア、カーボベルデ、その他多数――を除いては、領域の一部が他の国によって隔てられている国も沢山ある。正式な用語では、こうした領土は「飛び地」や「包領」として知られている。

飛び地とは、当該国家の主要な領域から切り離されているが、他の二つの国家あるいは海岸線との国境線を共有している領域の一部である。もっとも分かりやすい例の一つがアラスカである。アラスカはカナダによって隔てられたアメリカの飛び地である。カリーニングラードは、ポーランドとリトアニアに挟まれたロシア連邦の飛び地である。ナヒチェヴァンは、アルメニアの国の主要部によって隔てられているアゼルバイジャンの飛び地であるが、トルコとも国境を接している。

次に包領である。これらは飛び地とほぼ同じである。大きな違いは、ある国の一部が、別の国によって完全に囲まれているという点である。一つ例を挙げるならリビアというスペインの小さな村があり、フランスの数マイル内側に位置する。ソ連崩壊によっても多くの新しい包領が誕生した。たとえば、カザフスタンとウズベキスタンにはタジキスタンの包領が、カザフスタンにはウズベキスタンの包領がある。とはいえ、世界でもっとも不思議な包領は、おそらくダハラ・カグラバリだったといえるだろう。かつて存在したときには、世界で唯一の「三重包領」の例だった。つまり、バングラデシュの中にある、インド包領の中の、バングラデシュ包領の中にある、インド包領だった。[1] 二〇一五年、インドとバングラデシュが、(明らかにより必要とされていた) 国境の簡素化努力の中で、領域の百六十を超える部分を交換することでこれは解体した。

最後に、包領は「包領国家」と知られるものと混同すべきではない。別の国家によって領土全体が完全に囲まれている国もある。現存する三つの包領国家は、南アフリカに囲まれたレソト、いずれもイタリアに囲まれている、サン・マリノとバチカン市国である。

国家となるには領域に最小限の人口が必要か？

領域と同様に、正式に必要とされる最小限の人口サイズ〔に決まり〕はない。実際、国家間の人口の大きさの違いは、国土の大きさの違いと同じくらい多岐にわたる。現在、国連加盟国百九十三カ国中、約十五カ国には一億人以上の居住者がおり、同じくらいの数の国では十万人を切る。世界最大人口国である中国は、十四億人近くを抱える。国連加盟国の中で、最小人口国家はナウルであり、約一万一千人である。現実には、これよりも小さな人口で、正式に国家たり得るのかという疑問がある。たとえば、現在はニュージーランドの管轄下にあるトケラウという太平洋の島の領域内では、居住者が千五百人未満であるにもかかわらず、独立を問う住民投票が検討されている（公式には、既述の通り、最小国家はバチカン市国である。同国には八百人未満しかいない。しかし、バチカン市国はいわば特別な事例である）。

同様に、人口密度は国家性や存続性を決める上では何の役割も果たさない。モンゴルの人口密度は、現在どの国と比較しても最低であり、一平方キロメートルごとにたった二人（あるいは一平方マイルごとに五人を少し超える程度）である。一方、オーストラリア、アイスランド、リビア、ナミビア、スリナムではいずれも、一平方キロメートルに三人程度の居住者がいて成り立っている。世界一人口密度が高いのはモナコであり、一平方キロメートルに二万五千三百人、それからシンガポールでは、一平方キロメートルに八千人が住んでいる。

国家性の文脈において「政府」とはどういう意味か？

モンテヴィデオ条約の下で国家性を決める第三の基準は、政府である。国家たらしめる要件を明確にする上で、これがもしかすると一番厄介な要素かもしれない。「政府」について、これまでに的確な定義が示されたことはない。モンテヴィデオ条約でさえ、この問題には沈黙していた。しかし、国々が、新しい国家に対して過去にどう振る舞ってきたのかを見ることで、政府が何を意味するかについて幾ばくかのアイデアを得ることはできるだろう。

歴史上、いかなる新国家の政府も「実効的」であるべきだと期待されてきた。こうした政府は、当該国家の国民によって構築されたものでなければならず、それゆえすべての国外の勢力から独立しており、当該国の国民と領域の大半を支配していなければならないことを意味する、と一般的に理解されてきた。ところが、政府の概念はある特定の行政装置の形態を前提としているものの、実存する政府が実際にうまく統治しているかどうかという評価がなされると意図されたことはなかった。そうではなく、ほとんどの国民が自分たちの日常生活の中で、国家を統治者として前向きに受け入れているかどうかが重要だということを意味するだけだった。もし人びとが国内法を尊重し続け、軍隊に奉仕し、税金を支払い、そして何よりも、活発な反政府抵抗を選ばなければ――つまり、もし人びとが集団的に新しい支配者に対して「習慣的服従」と呼ばれる態度を示しているならば――その新政府の支配は実効的であるとみなされる。この点において、「実効支配」は、無能な行政、広範囲にわたる貧困、官僚の汚職、赤字行政、あるいは脆弱国家にみられる沢山の他の現象と完全に併存可能である。

ポスト植民地時代において、実効支配は、国家たるべき厳密な基準からは、大まかにいって外された。これは、出現した新国家が実効的政府を欠いているといっているわけではない。むしろ、実効支配は、新国家の承認のための必要条件として考えられてこなかったのである。脱植民地化で生まれた多くの新国家は、実効的な政府機構をほとんど持ち合わせていなかった。コンゴが適例である。一九六〇年にベルギーから独立したとき、同国には数十人しか大学卒業者がいなかった。より最近では、南スーダンは二〇一一年に独立したが、国家性を獲得したとき、同様に実効的政府を運営するための能力をほとんど有していなかった。

さらにいえば、ある国家が承認されても、「実効的政府」が自立的である必要はない。しばしば「失敗国家」と呼ばれる多くの国々は、たとえ行政制度が機能しなくなっていても、国家とみなされ続けてきた。おそらく、最適な例はソマリアだ。一九九〇年代始めに軍閥が割拠する場所に陥ったにもかかわらず、国連加盟国であり続けている。

他の国家と関係を取り結ぶ能力とはどういう意味か?

モンテヴィデオ条約による、第四かつ最後の国家の要件は、他の国家との関係を取り結ぶ能力である。歴史的に、この点は実効的な政府に関する別の要素でしかないと考えられていた。ところが、条約の中で、別の要素として抽出されたのである――もしかすると、国家性とはつまり国際的な法人格であるという点を強調しようとしたのかもしれない。

今日では、多くの研究者が、この要件は、国家性を規定する他の三つの基準ほどの重要性は、もはやないと考えている。わたしたちが生きる世界では、沢山の組織や機構が、主権国家と非常に似たような立場でやり取りできるのが現状である。例を挙げれば、国連やEUは世界中に代表部を維持しており、職員は外交的な権利や特権を享受している。どちらも国家ではない〔にもかかわらず〕。同様に、多くの企業や非政府組織があり、世界中の政府と広範囲に連絡を取り合っている。実際、企業などの方が、多くの国家よりもはるかに重要なアクターだとみなされることもよくある。たとえば、ほとんどの国々が、太平洋やカリブ地域の小さな島嶼国政府の上級幹部よりも、世界を主導する技術あるいはエネルギー関係企業の上級執行役員の方にはるかに注目するだろう。

国家はいくつあるか？

これにはかなりの議論がある。もしわたしたちが、国連に加盟していることをもっとも信頼できる広範な国家受容の指標として受け入れるなら、現在百九十三カ国ある。加えて、名目上は国家だが、ニュージーランドと特別な関係にある領域が二つあり、自由連合として知られている。ニウエとクック諸島である。これらは、全体としては国連加盟国ではないが、ＷＨＯなど、多くの関係機関に自分たち自身の席を持っている。その結果、これらは国際システムの中でやや曖昧な立場にある。それから、さらに四つの領域が、国連加盟国ではないが、広い意味では国家と考えられたり、多くの国際的な目的のために実効的に活動している。教皇庁（バチカン）、パレスチナ、コソボ、そして台湾である。

加えて、独立を主張し、国家たる要件を備えているが、他の国家からはほとんどあるいはまったく承認されていない領域がある。この類型にある例に、ソマリランド、ナゴルノ・カラバフ、トランスニストリア、アブハジア、南オセチア、そして北キプロスがある。これらの「国家」――よく事実上の国家と呼ばれるが――の正確な数ははっきりとは分からない。なぜなら、研究者や実務家の間で、特定の領域が国家たり得る必要条件を満たしているかどうか、見解が大きく分かれているからである。

このような理由で、通常もっとも引用される数字は国連加盟国数であり、追加でここまでの段落で名前を挙げたもののどれかあるいは全部が含まれた数である。そのため、広くいえば、世界には二百をやや下回る程度の「独立」国家があるといえる。

国家と国の違いは何か?

どちらの言葉にも、基本的には同じ辞書的な定義——確定した領域、永住人口、そして政府を持つ政体——があるが、国際法的な議論をする中では、通常、国(country)ではなく国家(state)が使われる。しかし、日常会話では、この二つの言葉はよく互換的に使われる(実際、この本の中でも両方の用語が使われている——単に語彙を多様にして国家という言葉を際限なく使い続けることを避けられると良いという理由で)。

問題は、この互換性がいつもあてはまるわけではないという点にある。国家も国も、主権を有する独立した領域を言い表すときによく使われるが、両方ともより下位レベル、つまりサブナショナルな単位を言い表すときにも使われる。たとえば、イギリスは国家だが、公式に三つのcountryからなる。イングランド、スコットランド、そしてウェールズである(北アイルランドもcountryとして言及されることがあるが、公式には州あるいは選挙区として分類されている)。同様に、statesという用語は独立の主権国家というよりも連邦単位を言い表すときによく使われる。だから、アメリカ合衆国(the United States of America)は国だが、statesからなる。

すでに混乱しているところに追い打ちをかけてしまうが、そして前の問いへの答えをさらに複雑にするが、国連加盟国数は百九十三でも、幅広い分野にわたって合意された標準を定める支援を行う世界規模の団体である国際標準化機構（ＩＳＯ）は、実際、二百四十九の異なる国別コードをリスト化している。これには、特定の確立した国家の中で、相当程度の自治や異なるアイデンティティを享受している領域も含まれる——たとえば、グリーンランドは自治が認められたデンマーク属領であるし、香港は中華人民共和国の特別行政地区である——が、実際には独立はしていない。(2)

つまり、ある state は国の一部になり得るし、country は国家の一部になり得る。究極的には、これらの用語がいかに理解されるべきかは、使用されている文脈によるのである。

分離とは何か？

分離（secession）という言葉は、離脱を意味するラテン語に由来する。分離は、ある領域やその中にいる人びとが既存の国家と決別し、新しい国を打ち立てるか、別の国家と統合することをいう。実際のところ、現代のほぼすべての事例で、分離すると独立国家が誕生する結果になっている。一九四五年よりあとに起こった例で、ある国からの分離に成功した領域が別の国に統合された例はほとんどない。もっというと、現代では、別の領域と統合したいと思っている分離派運動はほとんどないようだ。一つ例外を挙げるなら、もちろん北アイルランドである。この土地でのイギリス支配を終焉させたい人びとは、アイルランド共和国との統一を支持している。北アイルランドが国家として独立するという話はされていない。

分離には二つの形態がある。「同意に基づく分離」と「一方的分離」である。同意に基づく分離は、当該領域が離別する国家――通常「親国家」と呼ばれる――の許可があって離れていくときに生じる。同意に基づく分離の例には、一九九三年のエチオピアからエリトリアの独立、二〇一一年のスーダンから南スーダンの分離がある。一方的分離は、親国家の意に反して生じる。歴史的には、分離の事例の大多数が一方的であった。本書の後半で検証する分離の事例のほとんど――たとえば北キプロス、コソボ、ソマリランドやアブハジア――は、一方的分離の例である。

国々が分離に反対する傾向があるのはなぜか？

国によってはある領域が独立することを前向きに認めるが、ほとんどの国々は領域の一部が離れようとしようものなら強く反対する。実際、最終的には分離を認める国でさえ、何十年まではいかなくても、何年もの年月を費やして、分離が起こるのを防ごうとする。これには多くの理由がある。第一に、ある国の国境は通常重要な象徴的意味を持っており、アイデンティティの中核に触れる。子どもたちは幼い頃から自分たちの国の地図を認識し、描けるように教育されるものだ。大人でさえ、たとえば天気予報で、自分たちの国のイメージを毎日見ている。国によっては、たとえばキプロスやコソボがそうだが、自分たちの国旗の中に国の地図が描かれているところさえある。こうした理由によって、国境を変更することは、その国のもっとも基本的な感覚それ自体に根本から挑戦し得るものである。これに関連して、領域への愛着は深く根付いた歴史的・文化的理由が基底にあることがある。たとえば、領域には、特別に宗教的な重要性を持つ場所があるかもしれない。

領域への感情的あるいは歴史的愛着は確かに重要な要素だが、なぜ国家が、たとえそうすることが自分たちの利益になるかもしれない場合（たとえば緊張を緩和し和平を促進する場合）でさえ、分離をなかなか受け入れないかについては、その他にも沢山の理由がある。もっともはっきりしているのはカネである。問題となっている土地には重要な経済的価値があるかもしれない。たとえば、スコットランドで長らく議論の焦点となっていたように、石油やガスといった貴重な天然資源があるかもしれない。あるいは、〔南北戦争時〕アメリカ連合国による分離の試みに対してアメリカ合衆国が反対した理由として広く引用されているように、肥沃な農業地域であるかもしれない。ウクライナのドンバスのように工業中心地かもしれないし、スペインのカタルーニャがそうであるように金融の中心地かもしれない。また別の観点では、海へのアクセスを提供するような、戦略的な重要性があるかもしれない。内陸国のエチオピアがエリトリアの分離努力に反対したのは、この特別な理由による。

それから、雪玉効果あるいは伝染効果がある。親国家は、もし自分の国の一部の領域が分離すれば、他の領域も続く可能性があることを恐れることがある。これが理由の一つとなって、コンゴはカタンガ地方が一九六〇年に分離しようとした際に強く抵抗した。再び〔前の例に〕戻るが、スペインにとってもこれが深刻な心配事だった。もしカタルーニャ地方が分離すれば、バスク地区が独立を追求する道を開くことになるだろうか？

最後に、各国は、内戦や外部からの介入の後に分離が起こる際に、領土を諦めようとしないことがある。平和をもたらすならば、特別に、土地が離れていく論理を理解することもあるが、強制的な分離行為を法的に認めることに対しては根深い不本意さがあることがよくある。多くの研究者は、なぜキプロスが北キプロスの分離に反対するのか、なぜジョージアがアブハジアの独立に反対の立場をとるのか、そしてなぜアゼルバイジャンがナゴルノ・カラバフの独立を完了させることを拒否するのかを説明する上で、反対の一部の理由はこれだと考える。

当たり前だが、親国家が分離に反対する理由が以上の要素のうちたった一つに絞られるような事例は非常に稀である。ある一つの理由が十分支配的かもしれないが、その理由はたいてい、いくつもの他の問題と結びついている。

他の国々が分離に反対するのはなぜか？

ここでもまた、同意に基づく分離と一方的分離を分けて考える必要がある。分離が、離れていく国の賛成を得て起こる事例では、新国家はたいてい――いつもではないが――国際社会に受け入れられる。たとえば、南スーダンは二〇一一年のスーダンからの独立に続いてすぐに国連への加盟を認められた。同様に、モンテネグロは、国際的に受け入れられた住民投票に続いて二〇〇六年にセルビアから分離したとき、ほとんど問題なく国際的な承認を獲得した。

対照的に、一方的分離は通常、国際社会から強く頑強な反対に遭う。領域が独立国家として存在する能力を示せば承認されることが多かった過去とは異なり、ポスト植民地時代においては、こうした領域は受容されずに何十年も存続し得る。この点、ソマリランドがもってこいの事例だ。モンテヴィデオ条約上の国家性にかかわる四つの基準を明確に満たし、実際、一九六〇年にイギリスの植民地支配が終わった後、短期的に主権を有する独立国家であったけれども、ソマリランドは一九九一年にソマリアから分離し、自らの独立を再要求して以来どの国にも承認されていない。

こうした一方的分離に対するまとまった反対の根底にあるのは、是認することで自分たちに跳ね返ってくるかもしれないという、国家の間での漠然とした不安である。なぜなら、国連加盟国百九十三カ国のうちたった一握りだけが民族的に同質なのである。もしある国が一方的分離の事例を是認したとみなされれば、自分の国で活動し始めようとする分離派を付け上がらせるかもしれない。あるいは、その後自国の一部の独立を否定しようものなら、偽善者だと非難される可能性がある。

より一般的には、もし一方的分離が一件認められると、それが道を開いて他の領域が続くかもしれないという、根深い懸念もある。こうなると広範囲に及ぶ帰結を招き得る。最悪の場合、拘束を受けない独立する権利によって、無政府的で管理不可能な国際秩序が到来するかもしれない。元国連事務総長のブトロス・ブトロス＝ガリは、よく知られるようにこういった。「もしあらゆる民族、宗教、あるいは言語集団が国家を求めれば、分断には際限がなく、全員にとっての平和、安全保障や経済的安心は、かつてないほどに達成困難となるだろう」[3]。実際、もし、独立を望むあらゆる民族集団や言語集団が本当にそうしたら、国連は二百どころの構成国の組織ではなくなり、五千か六千になるだろう！　言い換えれば、一方的分離に対して漠然と反対が起こるのは、国民の統一と国際秩序を維持するためなのである。事実、第三章でみるように、一九四五年以来、たった一カ国、バングラデシュだけが、一方的に独立を宣言して独立し、広い国際的な承認を得て、国連加盟国となった。

一方的独立宣言とは何か？

一方的独立宣言（unilateral declaration of independence: ＵＤＩ）は、この用語が示唆するように、親国家

の許可なく分離が起こる事例において、ある領域がこれから自分たちは主権国家であると宣言するための公式の手段である。たいてい独立を追求する人びとの名の下に行われるので、この宣言は、典型的には法執行機関あるいは準法執行機関によって発行される。

重要なことだが、二〇一〇年、国連の司法部門である国際司法裁判所は、一方的独立宣言は、実際、一般国際法に反しないと裁定した。[4] コソボによるセルビアからの一方的独立宣言を事例に挙げつつ、一方的宣言が特定されて禁止されていない限り——たとえば国連決議が独立を防ごうとしたり、平和条約が分離を不法としていない限り——いかなる領域も国家であると完全に自由に宣言して良いと述べた。とはいえ、現実には、そのような宣言はそれ自体ほとんど意味を持たないだろう。それは単なる声明でしかない。これが許されるなら、誰だってほんの少しの土地で独立すると宣言できる。しかし、それでは国家をなさない。究極的には、問題となるのは新国家が自らの存在を確固たるものとできるか、そして独立するという主張が最終的にはより広い国際社会に受け入れられるかどうかという点にある。

一方的独立宣言という用語には否定的な含意があるが、正式な法律用語では、独立宣言が問題となっている二者——離れようとしている領域と当該領土に国際的に認められた主権を有する国家——の合意なしに起こるということを意味するだけである。たとえば、コソボが独立を宣言したとき、コソボは、意図的に「協調的独立宣言」という用語を使ったが、これはコソボの主権国家性を支持する主要な国際パートナーと決めたことであると暗に示すためであり、一方的という表現を避けた。そうはいっても、この決定に対し、正式にコソボが分離しようとする側の国家であったセルビアが反対したという事実からすれば、公的には、コソボの宣言は一方的独立宣言に分類される。

一方的分離行為に対して親国家はどう反応できるか？

大方の予想通り、一方的独立宣言はたいてい親国家から激しい反発を受ける。反発はいくつかの方法で行われる。例を挙げれば、公的に宣言を無効にし、当該宣言には何の法的効果もないと国際社会に伝えることである。この一方的独立宣言は無効だと強調するために他の手段を取ることもある。

適例は、カタルーニャ地方が二〇一七年にスペインから一方的に分離しようとした試みである。カタルーニャ政府が準備した独立住民投票を警察を用いて妨害した後、スペインはカタルーニャ議会の一方的独立宣言に対して即座に強力な行動を取った。カタルーニャ政府を解体し、カタルーニャ自治区での直接統治を再び敷いただけでなく、カタルーニャの独立指導者たちを訴追したのである。多くの指導者たちが長期間の実刑判決を受けた（興味深いことに、このカタルーニャの事例は以下のことを示した。非民主的あるいは権威主義国家だけが一方的分離への厳しい反応をするわけではない。自由民主主義国でさえ、一方的分離に直面すれば非常に強く反応することがある）。

一方的独立宣言が親国家に押さえ込まれたときでさえ、分離派の思いが絶えることは滅多にない。実際、〔分離を〕嘱望する国家が、より好条件下で独立宣言を繰り返すということも聞かないわけではない。好例はドミニカ共和国であり、一八二一年と一八四四年に独立を宣言した。つまり、一方的独立宣言は通常、国家性を追求する始まりの印であり、終わりではない。

世界にはいくつ分離派運動があるのか？

この問いに答えるのは信じられないほど難しい。分離派運動の大きさや対象範囲には非常に多くの種類がある。数えるべきは、政治的あるいは軍事的手段をつうじて国家性を積極的に追求する領域だけにすべきか、はたまた独立を曖昧ながらも希望すると表現するだけの人びとも含めるべきか？　いずれにせよ、〔分離派運動に〕含めるために賛成を得られる信頼に足る基準値は何だろう？　集団の構成員が千人いれば足りるのか、百人か、あるいはたった十人でも良いか？　アイルランド共和軍（ＩＲＡ）、クルディスタン労働者党（ＰＫＫ）や、バスク祖国と自由（ＥＴＡ）などの禁じられた組織の例では、構成員の正確な数字を集めることも、支援さえも難しい。

よく引き合いに出される例は、代表なき国家民族機構（ＵＮＰＯ）である。現在、約四十五の構成メンバーがいる。ソマリランド、カタルーニャ、台湾、アブハジアやアチェなど、いくつかのメンバーは認識できるが、その他のメンバーはそこまで知られていない。たとえばスールー（フィリピン）、サヴォイア（イタリア）、オロモ（エチオピア）、西トーゴランド（ガーナ）、カビリア（アルジェリア）、それからバロトセランド（ザンビア）がある。ただし、この一覧にさえ問題がある。アフリカナーズ（南アフリカ）やバトワ（ルワンダ）といったいくつかのメンバーは本当の意味では独立を求めていないようだ。というより、こうしたメンバーは既存の国家の中で少数派の権利や文化的権利を追求している。また、ＵＮＰＯの一員でない運動も沢山ある。実際、主要な分離派領域のほとんどは一覧にない――スコットランド、フランダースやケベックである。同様に、著名なアメリカの独立運動も一つも代表として出ていない。たとえば、アラスカ、ハワイ、テキサスやバーモントといった、必ずしも広い支持は得ていないが、長きにわたって分離派運動を抱えるアメリカの四州はＵＮＰＯの一覧にないのは特筆に値する。ところが、ワシントンＤＣ（コロンビア地区）はメンバーであり、それはアメリカ国内で連邦の代表権を有していないからである。

すべてを勘案してみると、軍事的あるいは外交的手段のいずれかをつうじて、信頼できる程度に国家性を追求している途上にある、著名な分離派運動は、世界に約三十から六十あるというのが妥当なところかもしれない。もっともよく知られているのは、もちろんこの限りでないが、次のような例である。ナゴルノ・カラバフ（アゼルバイジャン）、フランダース（ベルギー）、スルプスカ共和国（ボスニア・ヘルツェゴビナ）、ケベック（カナダ）、台湾およびチベット（中国）、北キプロス（キプロス）、グリーンランド（デンマーク）、フェロー諸島（デンマーク）、ティグレ、オロミア、およびオガデン（エチオピア）、コルシカ（フランス）、アブハジアおよび南オセチア（ジョージア）、西トーゴランド（ガーナ）、西パプア（インドネシア）、クルディスタン（イラク）、トゥアレグ（マリおよびニジェール）、トランスニストリア（モルドバ）、バロチスタン（パキスタン）、ブーゲンヴィル（パプアニューギニア）、ソマリランド（ソマリア）、カタルーニャおよびバスク地区（スペイン）、アマゾニア（カメルーン）、スコットランドおよび北アイルランド（イギリス）、プエルトリコ（アメリカ）である。

しかしながら、この一覧がおそらく示している通り、どの国を含めるかは科学というより芸術の域にある。これらすべての事例で国家性を長らく主張する声があり、少なくとも人びとから幾ばくかの支持を享受している――多くの事例で独立の支持は多数決の観点からいえばとても少ない――が、いかなる形式的な方法でも、これらすべてをまとめられるような特定の基準は、もしあっても、ほとんどない。〔形式的な方法でも〕客観的に信頼できると感じられるに過ぎないのであり――そしておそらく主観的に重要な事例だと感じるに過ぎない。

領域や集団が分離を求めるのはなぜか？

諸国家が自分たちの領域の一部が離れていくことをやめさせようとする理由が沢山あるように、特定のコミュニティがある国から分離して自分たち自身の国をつくりたいと願う理由も多岐にわたる。もっとも明らかなのは、人びとが独立を追求したくなるのは、単純に他の国民とは異なる民族あるいは宗教コミュニティに属しており、自分たち自身の本土を持ちたいと願うからである。とはいえ、これだけでは分離の説明には十分でない。実際には、少数派コミュニティが分離の意思を示さなかった状況が沢山ある。

通常、その他の、そしてしばしば複数の、追加的要素があって、独立キャンペーンを動かしている。たとえば、ある集団は、親国家の手中で、差別、政治的抑圧や人権侵害に苦しんできたかもしれないし、自分たちの政治的、文化的問題についてやりくりする権利を制度的に否定されてきたのかもしれない。別の観点では、経済的な要素に不満の種があるかもしれない。その領域には国内のその他の地域よりも富があり、国家の他の地域に不公平に分配されていると感じるのかもしれない。同様に、中央国家が自分たちの労働力や天然資源を搾取しており、自分たちは自身でもっと豊かになれるという感覚もあるかもしれない。たとえば、スロベニアがユーゴスラビアから、カタルーニャがスペインから、分離したいという思いを動かした強い動機がこれであった。

またあるときには、未解決の歴史的な憤り、あるいは過去に独立の機会が拒否されたから今こそ正されるべきであるという感覚が、独立の願いを動かすこともある。たとえば、クルド人たちの事例はこの点で非常に強力である。クルド人たちは、第一次世界大戦後に国民としてまとまる本土を約束されながら、自分たちの国家として約束された領域が、トルコとイラクに分割されるのを目の当たりにした。最後に、分離はある国から離れて、別の国家で民族上の同胞たちと一緒になりたいという希望から生じることもある。北アイルランド、クリミア、あるいはスルプスカ共和国でこの例がみられる。

国家は分離を抑える目的で軍事力を使えるか?

歴史的に、国際法は、国内での憲法秩序への挑戦に対して軍事力を行使する国家の権利を受け入れてきた。その結果、ほとんどの本気の分離派キャンペーンはある時点で暴力に陥るようになった。最終的に成功した独立運動――一八二五年のブラジルによるポルトガルからの分離や、一九一七年のフィンランドによるロシアからの分離など――でさえ、ある時点で武力で抵抗を受けた。事実、血の流れない同意に基づく分離は、なるほど非常に稀であった。数少ない例を挙げれば、一九〇五年のノルウェーによるスウェーデンからの分離や、一九四四年のアイスランドのデンマークからの分離、一九六五年のシンガポールによるマレーシアからの離脱がある。

かつては、軍事力の行使は総じて受け入れられてきたが、冷戦終結以来、この点については議論が起こってきた。これは一九九〇年代のバルカン紛争中に起こった広範囲の虐殺と関係している。ある事例では、行き過ぎた暴力の行使が、最終的には戦争犯罪裁判につながった。[5] ただし、これらの事例は、それ自体、軍事力を行使する権利についてというわけではなかった。確かに、武装分離派集団に対して国家が軍事力を行使する基本的な権利に関して、国家の間ではっきりとした変化があったようにはみられない。とりわけ、ロシア、クロアチアやスリランカは、国内の分離派運動に対して軍事力を行使したが、そのようにする基本的な権利について、国連や他の国際機関から異議を唱えられる事態には直面しなかった――たとえ軍事力行使の方法が広く非難されたとしても。

「救済的分離」とは何か?

近年、分離に関する議論に登場してきたもっとも興味深くかつ論争を呼んでいるものの一つは、「救済的分離」の概念である。救済的分離とは、親国家による、ジェノサイド、民族浄化や人道に対する罪といった、目も当てられないような人権侵害に直面したある領域が緊急の自衛措置として独立を宣言する状況を指す。

一九七〇年代以降にこのアイデアが一部の人びとに擁護されるようになったが、この〔救済的分離の〕概念は、二〇〇〇年代に突入する際に、保護する責任（R2P）という概念をめぐって生じた議論の自然な流れとして再び注目を集めた。[6] R2Pのアイデアの根底にあるのは、国家は自国領土において国民を虐殺から保護する責任があるという見解である。もしそれができないのであれば、あるいは実は国家自身がそうした虐殺を行っているのであれば、その場合には国際社会が、義務まではいかなくとも保護する権利を有し、こうした侵害を止めるために踏み込む――たとえこれが国家主権の伝統的なルール違反であったとしても。

救済的分離は、さらに一歩踏み込むものである。提唱者は、大量虐殺に直面している人びとがいる領域は、自分たちの生存を確保する手段として、分離する権利があり、国際社会に認められるべきであると主張する。かつての親国家の主権がもう受容されなくなれば、その後、第三国が新国家に対し、軍事支援を含む幅広い支援ができる道が開かれる。

救済的分離の原則は、当然だが、相当論争を呼んでいる。これまでのところ、救済的分離は、政治の意思決定者たちの間ではほとんど支持を集めていない。主に、その理由は、国家はこのように行き過ぎた原則を法的に認めることを明らかに非常に懸念しているからだ。状況を安定化させる一時的な措置と理解される平和維持軍の創設のような他の介入の形式と異なり、新国家を認めるというのは恒久的措置である。状況が落ち着けば単純に取り消せるものではない。そのため、当面、救済的分離の原則はおおよそ理論的な論争の問題にとどまる。

領土回復主義とは何か？

領土回復主義（irredentism）は改まった言葉で、ある国家が、合法的に自国の主権の下にある（あるいは取り戻す）ものとみなす人びとや領域の回復を主張する政策を言い表すために使われる。かつて、領土回復主義は、分離派紛争の非常に強力な根拠であった。十九世紀には、多くのナショナリズム運動が生まれたが、自分たちの国民国家たる故郷に人びとをまとめようというアイデアに基づいていた。たとえば、現代のギリシャは、東部地中海辺りのすべてのギリシャ人コミュニティをまとめようという願いをもとにつくられた。同様に、イタリアやドイツの創設も、領土回復主義の産物である。

一九四五年より後の時代、つまり国家には他の国々の領土保全を尊重する責任がある時代になると、領土回復主義者だと公言する国家はほぼなくなった。多くの国々は、多かれ少なかれ抱く領土回復主義的な感情を隠し続けているが、ほとんどの場合、行動として溢れ出ることはない。たとえば、二〇二〇年の世論調査によれば、ハンガリー人の六十%が、隣国の一部地域は、一九二〇年に第一次世界大戦後のトリアノン条約の内容によって削がれてしまったが、まだハンガリーの主権の下にあると考えている。ただし、ハンガリーはこうした広範に抱かれている考えを行動に移す意図を見せていない。領土回復的紛争のうち傑出した最近の例は、一九九〇年のイラクによるクウェート侵攻および併合と、二〇一四年のロシアによるクリミアへの侵攻および併合である。〔ロシアの例は〕二十一世紀にして領土回復主義政策を公言した、めったにない、しかし強力な例である。

独立を失った領域は、独立を再主張する権利を有するか？

まず、国家が独立を失ったのが非自発的だったのか、自ら国家性を失うことを諦めることを選択したのか、区別することが重要だ。独立を非自発的に喪失した事例――侵攻、占領、あるいは併合――では、主権を取り戻す権利は、何十年たっても、通常尊重される。好例は、第二次世界大戦初期の、ソ連によるバルト三国――エストニア、ラトビア、およびリトアニア――の強制的併合である。アメリカとイギリスを含む多くの国々は、この事態を認めることはなかった。そのため、バルト三国が一九九一年にソ連から分離したとき、三国が取り戻した主権は広く国際社会から迅速に受け入れられた。

非自発的な独立の損失状況は比較的分かりやすいが、国家が自発的に別の国家と統合する場合には混乱が生じる。もし再び、その国が主権国家として独立したくなったら何が起こるのか？ 多くの人びとは、この政体は自発的に別の国家と統合する前は独立していたのだから、当然、自分の意思で独立を再度主張する法的権利を持っているに違いないと考える。〔しかし〕そうではない。統合の際に、あるいは統合した国家の政府に事後的に、明示的に認められない限り、一度ある国家が別の国家と統合してしまったら、許可なく分離する法的権利は失ったものと理解される。非常にぴったりの例が、テキサスである。テキサスは、独立の州（一八三六―一八四五年）であったあと、自発的に合衆国と統合したが、アメリカ合衆国から分離する権利を持っていない。

当然だが、以前あった主権国家性は、独立が再び主張される場合に強力な正当化基準となり得る。多くの研究者は、ソマリランドは、一九六〇年のソマリア独立の数日後にソマリアとの統合を自発的に決定しているという理由で、独立国家として認められるべきであると考えている。同様に、スコットランドも独立が勝ち取れる有力な事例と考える人が多い。なぜなら、一七〇七年にイングランドと自発的に統合する前には別の王国であったからである。また別の例は、一九九〇年に北イエメンと統合した南イエメンである。この統合の後に不幸が重なっているため、南イエメンは自分たちには別の国家性があると再び主張すべきだと声を上げる向きもある。しかし、これら三つすべての事例において、国家性の主張に対して、過去に独立していたことだけをもって、国際社会が受容すべき要件にはならない。

一方的分離に関する禁止事項が、いくつかの小さな領域の自発的統合をつうじて生まれた国家にも同じく適用される。おそらく、最適な例を二つ挙げるなら、アラブ首長国連邦（UAE）とマレーシアであろう。両連邦とも、脱植民地化時代に小さな国家が一緒にまとまった産物である。一九七六年、ドバイはUAEから離れるぞと脅したし、一九八七年にシャルージャも同じことをした。より最近では、サバとサラワクのナショナリストたちが、マレーシア政府は一九六〇年代初期に彼らを統合するに至った合意事項を反故にしたと非難した。どちらの事例も、政治家たちは、自分たちの領域は、自発的に統合に参加したのだから、分離する「固有の」権利を有すると主張した。国家政府は反対だ。マレーシア憲法は明示的には分離を不法行為としていないが、サバとサラワクの分離を求める場合だけは、犯罪行為として扱われてきた。

ある独立国家が自発的に独立国家性を放棄しても、それでもなお、もし後に分離したいと思うようになったら、親国家から許可を得なければならないことが想定されている。

分離の当然の権利というものがあるべきか？

この問いについて、長い間哲学的議論が続いてきた。自由民主主義の伝統の中では、主に二つの学派がある。一方には、「一次的権利」と呼ばれる見解を提唱する者がいる。彼らは、自決を求めるあらゆるコミュニティに、固有の自決権があると信じる。領域内の多数の人びとの意思に根差す分離の当然の権利があるべきだという。興味深いのは、一次的権利論者たちは、このこと〔分離を一次的権利と認めること〕で、世界が何千とはいかなくとも何百ものミクロ国家に分かれるような、混乱や分断という帰結を簡単にもたらすだろう、という見解を棄却する。彼らは、分離の権利が憲法や国際法上履行されれば、国家は自分たちが代表する母体の意思により応答するようにならざるを得ないと主張する。実際そうなれば、多様な国民が政治的に代表される〔という意味で〕質は高まるだろう。一部の集団は分離を求めるかもしれないが、多くの他の集団は協力することに強みを見出す。〔協力は〕真に民主的かつ代表的な多民族国家の出現に結びつくだろう〔と、一次的権利論者たちは信じる〕。

もう一方には、すでに論じた通り、分離は緊急的な状況で許されるべきだと主張する者がいる。いわゆる救済的権利だけという立場の提唱者たちは、分離の権利は、国家が一貫してやむことなく当該国民の人権を侵害しているか、自国に住む住民たちを積極的に攻撃している場合の最後の手段であるべきだと考える。彼らは、寛大な一次的権利観が制度化されれば、分離するぞという脅しが、中央政府に対する代表母体の戦略的交渉ツールになり得ると指摘する。こうなれば、自由民主主義に必要な安定性を損なう可能性があり、コミュニティは絶えずかつてないほどに大きな要求を政府に突きつけるようになり、要求通りに与えられなければ分離すると脅すようになる。こうなると、分離を問う住民投票がほとんど常に行われているような状況をもたらす危険性を高め得る。言い換えれば、「ネヴァレンダム〔neverendum〕」とある人は表現した〔果てしないを意味する never-ending と住民投票を意味する referendum をかけた言葉で、何度も住民投票が行われるが変化が生じないことを意味する。カナダのコラムニスト、ジョシュ・フリードが、一九九二年にケベックの状況を言い表した造語〕。救済的権利だけを擁護する論者は、それゆえ、分離の権利は親国家が明らかに国民の基本的人権を侵害しているような例外事例においてのみ発生するべきだと主張する。

理論レベルでの違いを脇に置くと、分離する権利を国際的に制度化する試みは、より広い国際社会において大きな障害に直面するだろう。もし法的に拘束された原則として受け入れられれば、分離の権利は、分離を追求する領域を積極的に支援する第三者を必要とするようになる。諸国家が、別の国の中で分離派が主張する要求をまるまる呑むことは考えにくい。人びとの意思の帰結あるいは人権侵害の結果が、〔分離という〕目標を実現するのに必要な措置を取るよう自動的に要求する場合であっても。すでに述べたように、民族浄化やジェノサイドが生じた場合の救済的分離でさえ、ほとんど支持を得ていない。実際、国際社会が分離する当然の権利を受け入れる可能性がもっとも高かった時代は一八一五年から一九六〇年の間であり、当時、もし「文明化した」領域が国家として実効的な存在を示すことができれば、国家として承認されるに十分な資質があると広く受け入れられていた。もう一度言うが、これはもう当てはまらない。既述の通り、これは、なぜソマリランドのような領域が、何十年もの間独立国家として明らかに存在しているのに、それでもなお未承認のままなのかを説明する。

これらすべての理由で、現在受け入れられた条件――脱植民地化、占領、あるいは親国家の許可がある場合――を超えた分離する権利についての主張は、限定的な支持しか集めていない。

分離を認める国はあるのか？

自国内のある代表母体に――憲法上公的に含まれるか、暗に受け入れた原則として――分離する権利があると受け入れを表明する国家はほどんどない。歴史を振り返ると、少ない例の中には、ユーゴスラビア社会主義連邦共和国（ＳＦＲＹ）、あるいはソ連、セルビア・モンテネグロ連合がある。現代では、この権利はエチオピア、リヒテンシュタイン、ウズベキスタン、セントクリストファー・ネイビスで認められている。

とはいえ、現実には、名目上存在する分離の権利でさえ、容易にあるいは平和的に独立のプロセスに移されることは滅多にない。ＳＦＲＹやソ連では、どの特定の管轄区あるいは人びとが分離権を行使することができるのか、あるいは権利が行使される際どの決まった手続きを取るのかといったことについても、基本的な合意が得られていない。その結果、分離が認められても、それにもかかわらず血を流す戦いになる。

もし憲法上分離の権利が存在するなら、自由民主主義国では平和裏に実現されるだけだと予想される。しかし、もっとも自由かつ民主的な国でさえ、ある特定の領域に分離権を与えることには一般的にいって後ろ向きである。スペインが、カタルーニャの独立に関する議論を閉ざした厳しい措置は、この点で好例である。イギリスやカナダといった、理論でも実践でも分離の権利を受け入れている国々でさえ、ある国の構成単位が分離できると受け入れようとするのは、適切に実施された住民投票や分離の内容を決める公的な交渉過程の後など、特定の手続きがきちんと踏まれたときだけである。さらにいえば、たとえ分離の権利が広く認められたとしても、思い通りには行使できないかもしれない。たとえば、二〇一四年、スコットランドでの住民投票後、イギリス政府は、この問題は一「世代」にわたって取り上げることを止めると主張した（この点については第五章で論じる）。

国家は領域を切り離すことができるか？

不思議だが、完全にすっきりとした答えは出せない。この主な理由は、実際のところ知られないまま起こるからである。既述の通り、たいてい、国家は自分の領域を維持するためなら、自分の力の範囲でどんなことでもする――たとえそうした領域で反乱勢力が立ち上がり、強力な警察権力が必要となっても。一九四五年以降、ある国家が領域を切り離した例は一つしかない。それはマレーシアが一九六〇年代初頭にシンガポールを強制的に連邦から切り離したものであり、根深く残っていた政治的、経済的、宗教的、そして人種的な違いによるものであった。しかし、その事例において、シンガポールはその結果を受け入れることを選んだ。それゆえ、国際社会は、シンガポールの独立を同意に基づく分離の一例として扱った。

似たような状況がまた起こるとすれば、どうなるか分からないのは、切り離された領域がその決定を拒否し、留まるために戦う場合である。そうした状況においては、主領域の方が「切り離された」領域から事実上分離する事例になることも十分考えられる。問題は、もし切り離された領域がそれでもなお、問題の国から分裂するのを拒否する場合、これが一方的分離になり得るということである。この事例では、国際社会は親国家の分離を受け入れようとはしないだろう！　もちろん、こんなシナリオはありそうにもない。しかし、想定されるように、領域の切り離しは、あらゆる類の、興味深く、もしかすると考えもしなかったような法的かつ政治的問題を提起する。

承認とは何か？

もっとも単純には、承認とは、国家同士が、国際システムの中で、お互いに主権を有する独立した平等な存在として認めているというシグナルを発する方法である。分離独立が起こる場合、承認は新国家を認める方法として重要な役割を果たす。ある国家が別の国家を承認する場合、当該国家は、ある特定の領域を支配する後者〔被承認国家〕の権威を認め、それゆえ被承認国家は、国際法の下で、自国の主権を有する権利や領土保全が尊重されるなど、特定の権利や責任を享受する、ということを示している。それゆえ、根本的には、承認とはつまり受容と正統性に関することである。

関連する重要な点として、技術的にいえば、承認とは国家による実践だけを指す。国際機構や他の非国家主体は、国家を承認しないし、できない――たとえ、より広い承認プロセスで、これらがよく、国家を構成員として認めたり、新しい国を認めるよう構成員に求める決議を通過させたりと、不可欠な役割を果たしているとしても。たとえば、「国連が国家を承認した」といった言い回しをメディアでよく目にするが、こう表現するのは間違いである。

また、国家承認は、政府承認など他のあまり知られていない承認の形態とは区別されるべきである。政府承認とは、国家が、政治的権威をある国の法執行機関として認めることをいう。これはかつて広く用いられていたが、ほとんどの国家は明示的な行いとしては廃止した。そうすることで、政府の交代が起こるたびに――民主的な選挙や、より顕著なものでは、軍事クーデタに続いて――新政権が正統かどうかを公に認める意思表示をするか否かという決定を行わなければいけない煩雑な手続きから解放された。それでも、ときどきは行われる。好例は二〇一九年一月、アメリカや多くのヨーロッパ、ラテンアメリカ諸国の決定で、ニコラス・マドゥロではなくフアン・グアイドをベネズエラの暫定大統領として承認したものである。この問題は二〇二一年八月に、タリバンがアフガニスタンを奪取した後にも持ち上がった。ある場合には、権威を主張し競い合っている主体が複数あって、政府を暗に承認することが必要となるかもしれない。例を挙げれば、二〇一一年、リビアで、トリポリのカダフィ政権とベンガジの当局どちらが正統な支配者か、諸外国は決定しなければならなかったときに起こったことだ。

他に歴史上行われてきた承認の形態には、反乱勢力の承認や、敵対勢力の承認が含まれる。これらは、武力紛争中のアクターの立場、権利、および責任にかかわり、非戦闘員の保護、占領した領域における文民の適切な取り扱い、あるいは中立的領域では戦争行為を行わないといったことが含まれる。しかし、これでさえ問題を引き起こし得る。国家としての承認にまでは至らないが、それでもなおアクターにある種の法的地位を与えてしまい、そのため紛争への一種の介入のかたちであるとみなされ得るのである。おそらくもっともよく知られた事例は、一八六一年五月、イギリスと、それに追随した他の国家による決定であり、アメリカ合衆国とアメリカ連合国の交戦状態を認めたものである。

承認はどのくらい重要なのか？

何十年もの間、承認は国家性になくてはならない要素なのかどうかについて、法学者たちが熱い議論を繰り広げてきた。二つの見解がある。「宣言学派」は、国家は、国家性に関する法的要件を満たしたときに存在するようになると主張する。もしある領域が、確定した国境線、永住人口、そして実効的な形態の政府を有するなら、それは国家である。承認は、本質的には重要でない。単に他の国々が新国家と外交関係を取り結べるようになるための公式のやり方に過ぎない。反対に、「構成学派」

は、国家性要件を満たしているだけでは十分でないと考える。ある領域は、他の国家から承認されるまで、国際的には国家ではない。承認は、国々がより広い国際社会に参加し、他の国家が尊重しなければならない完全な主権的権利や義務を獲得する方法である。

目下のところ、この戦いでは、宣言学派が勝利してきたようである。ほとんどの国際法の専門家たちは、国家性は承認に依拠しないという見解に立つ。とはいえ、多くの場合、全体の議論はほとんど意味のない学術的論争である。現実世界では、承認は不可欠である。承認がなければ、法的にも、外交的にも、経済的にも、国家は互いに公式の関係を取り結ぶことができない。また、承認は、国家が最終的に、国連や他の沢山の地域機構や国際機構の加盟国となる支持を確保する方法でもある。こうした理由のため、承認を得ようとする領域とそれが起こらないよう食い止めようとする国家の間で毎日のように戦いが繰り広げられている。たとえば、コソボとセルビアは承認をめぐって常に戦いの渦中にあり、新たに承認を得たり、ある国が承認を撤回する説得に成功すると声高らかに勝利を宣言する。同様に、キプロス、ジョージア、およびソマリアなどのさまざまな国が、自国から分離した領域——北キプロス、アブハジアやソマリランド——は承認されていないことを確実にするために多大なる外交努力を払っている。

非承認とは何か?

承認が、ある国家が別の国家を主権的に平等な存在と受け入れるシグナルであるように、非承認という概念は、拒絶のサインと理解され得る。個別の国家による非承認の事例をみると、実際には二つの異なる形態がある。

第一に、「消極的非承認」と考え得るものがある。これが発生するのは、ある国がある領域の主権と独立に対して公式の態度を取らないと決める場合である。要は、この問題に沈黙を貫くのである。沈黙を貫くのはいくつかの理由があり得る。ある事例では、承認が控えられるのは、国家性に反対しているからではなく、ある国が国際社会の他の国々との関係で、列を乱してまで独立を認める国になりたくないからだ。ソマリランドはこの事例といえそうだ。数カ国はソマリランドの国家性に頑として異議を唱えるが、ほとんどの国々はその気になれば承認することもあり得るだろう。しかし、どの国も承認する最初の国になりたくないのである。あるいは、ある国は単純に、政治的な係争に巻き込まれないようにしようと心に決めているかもしれない。再び、コソボはこの点で完璧な例である。多くの国々は公式の声明でコソボの承認を拒否しているが、他の国々は単純にこの問題について沈黙しており、解決策が見つかるときまで、この係争から距離を取るつもりのようだ。

第二の非承認の形態は「積極的非承認」と考えるのがぴったりかもしれない。これが発生するのは、ある国が、国家かどうか問題となっている領域の承認を拒否すると公然と宣言する場合である。しかし、ほとんどの場合、この形態の非承認がなされるのは、独立の根拠が国際法違反であるときである。この点が明白な例は、「国家」が外国勢力の行為によって誕生したときである。もしある国が他の国に侵攻し、新しい「独立」国家を切り出すならば、当該領域は通常、広範な受容は得られない。

ところが、いくつかの事例では、この形態の非承認は政治的に動機づけられていることがある。たとえば、現在進行形の紛争である場合が考えられる。多くのアラブ・イスラム諸国はイスラエルを承認しない。二つの朝鮮は、互いに承認し合わない。トルコはキプロスを承認しない。そしてパキスタンは、アルメニアがアゼルバイジャンとナゴルノ・カラバフをめぐって係争中であることを理由に、アルメニアの承認を拒否する（これは幾分おかしな決定だと思われていることがよくある。とくにパキスタンがこの係争に直接かかわっていないからというのが理由だが、アゼルバイジャンが実際にはアルメニアを承認しているという理由もある）。

集団的非承認とは何か？

非承認が個別の国によってそれぞれの理由でなされても、国々が結託して行動することがある。これは「集団的非承認」と知られている。もっとも強力な集団的非承認の形態は、国連安保理決議で一方的独立宣言を非難し、各国にそれを承認しないよう求めることである。いくつかこうした事例がある。一九六〇年のカタンガによるコンゴからの分離の試み、一九六五年のローデシアによるイギリスの植民地支配を終えるための一方的独立宣言、そして一九八三年の北キプロスによるキプロス共和国から独立する宣言の試みである。

事実上の国家とは何か？

一方的分離の多くの事例では、親国家は、最終的には、離れていった地域に対して完全な支配を再度主張することができる。これが生じるのは、交渉による再統合をつうじてか、あるいは軍事力で当該領域を再び獲得することによってである。しかし、ときには、離れていった領域が親国家による再支配を防げることもある。親国家の同意なく分離した領域は滅多に国際的な承認を得られないことを考えれば、こうした反政府的領域は、しばしば国際的にも法的にも政治的にも宙ぶらりんな状態に陥る。こうした領域は実効的な独立を獲得できるかもしれないが、国家からなる国際システムの中で認められた公的な地位には替えられない。こうした領域は一般に事実上の国家といわれるものになる（混乱しがちだが、「未承認国家」や「係争中の国家」などとこうした領域に他の用語が使われることもある）。それゆえ、事実上の国家は国家性の主要な要件を持つが、国連加盟国ではなく、国際的な承認をほとんどあるいはまったく受けていない政体であるという定義が最適だ。

多くの事例で、事実上の国家は何らかの解決策に至るまで存在する（あるいは粘る）。ときおり、二つの当事者——親国家と事実上の国家——が、正式な離別（非常に稀な結果）に至る交渉によって、または何らかの再統合に合意することによって、状況を解決しようと試みる。あるいは、親国家は、反政府勢力の領域を自分の支配下に力で取り戻せると思えるまで時間をかけて待つこともある。そうした待ちの状況は、何十年までとはいかずとも、何年も続くことがある。たとえば、北キプロス・トルコ共和国は、一九八三年に一方的に独立を宣言した。ソマリランドは一九九一年から事実上の国家として存在している。それから、アブハジアやトランスニストリアは、ソ連崩壊により誕生したが、事実上の国家として、存在してから四十年目に入っている。

失敗国家とは何か？

失敗国家は、ときとして「疑似国家」ともされるが、一般に、国際社会に承認されているが、領域と人口を実効的に支配する政府という中心的な要素を失った国である。住民のいる領域としては存在しているが、機能する行政がないのである。それゆえ、失敗国家は国連や他の国際機構の構成国であり、条約に署名することさえあり、名目上は通常の外交活動を遂行し続けるが、自国の市民や領域の一部以上を実効的に統治する能力がない（いろいろな意味で、失敗国家は事実上の国家の対極にあると考えられる。失敗国家は国家と認められているが国家に期待されるようには行動できない。事実上の国家は、国家の要件は揃えているが、承認されていない）。おそらく、現代の失敗国家として最適の例はソマリアであり、一九九〇年代はじめに国家としては崩壊した。

失敗国家は国際社会にとって深刻な悩みの種となってきた。なぜなら、極度の貧困や欠乏の出どころになることがよくあるからである。失敗国家は、民族紛争あるいは他の内戦や、深刻な人権侵害をより生み出しやすくもある。これらすべてが原因で、人びとは逃げ出そうとするため、難民が発生することとなる。より最近では、実効的な――ときとしてまったく――政府がないために、海賊が発生したり、テロリスト集団の楽園を提供してしまうこともある。これらすべての要素が隣国にも、国際システム全体にも甚大な影響を及ぼす。

国家の失敗の根源はさまざまである。ほぼすべての事例で、広く実施された選挙の後、あるいはある種の反乱活動に続いてよく起こるように、中央政府の権威が崩壊したり、相当程度に縮小することによる。興味深いことに、失敗国家は概して、ポスト植民地時代の産物である。脱植民地化以前には、確かに長い間実効的支配を維持できない政府があったものの、比較的珍しい出来事だった。主権が実効性を前提としたのだ。実効的支配を確立できないあるいは維持できない政府は外部介入のリスクを持っていた。しかし、一九四五年以後の脱植民地化時代には、実効支配という事前要求がほどんど破棄された。領域が、独立するための国際法的な権利を有していれば、国内条件にかかわらず、国家性を与えられ、その存在が尊重されなければならなくなった。さらに、失敗国家は、たとえもはや国家性に必要な基本的な機能を遂行していなくても、存続し続け、かつ国家として認められ続けた。

ミクロ国家とミクロ・ネーションの違いは何か？

ときどき出てくる話題に、ミクロ国家とミクロ・ネーションの違いがある。これらは一見似ているので、いくつかの報道機関は間違ってどちらも同じように使うが、これらは実際にはもう片方とは相当違うのである。

「ミクロ国家」は、国家性の要件は満たしている領域であり、国連加盟国でもあるが、人口あるいは領土がものすごく小さいのである。ミクロ国家に含まれる国は、モナコ、サン・マリノ、リヒテンシュタイン、いくつかのカリブ海諸国、そして多くの南太平洋の島国である。先述の通り住民十万人未満の国が十五カ国ある。

対照的に、「ミクロ・ネーション」とは――しばしば狂気の「支配者」の気まぐれで――「独立を宣言した」領域であるが、永住人口や実効的政府といった国家性について一般に受け入れられた基準を満たしていない領域を表現するときに使う用語である。おそらく、もっとも有名なミクロ・ネーションは、シーランド公国である。同公国は一九六七年、制限的なラジオ放送法を迂回しようと、イギリスの東海岸の沖合にある、使われていない海軍の要塞に設立された。より最近では、セルビアとクロアチアの間を流れるドナウ川の島の上にリバーランド共和国を設立しようという関心がにわかに起こった。面白いが、こうした政体は本当の意味で国家ではない——たとえこれらが、国旗や国歌にあたるものを選んだり、切手を発行するといった、国家性を示すようなものを採用したとしても。間違いなく、これらが国際的な承認を得る希望はない。

第二章　旧ルール――分離独立と国家創設、一七七六―一九四五年

近代的国家が出現したのはいつか？

国家は、ここまでで理解できたように、西欧キリスト教の宗教改革の興隆や、国家主権という概念の登場に密接に結びついたプロセスの中で、十六世紀前半にヨーロッパで出現し始めた。

中世では、ヨーロッパの政治・法制度は基本的に垂直的だった。西欧キリスト教におけるあるあらゆる政治体が、それ自体教皇の究極的権威に従属しているとみなしていた。教皇の権威を否定する主要な綱領を掲げるプロテスタンティズムの急速な広まりとともに、中世の制度は崩れ始めた。一五二七年のスウェーデンに始まり、続いて一五三四年のイギリスでプロテスタントの統治者たちは、自身の領域内において自分たちが最高権力保持者であると宣言した。このことにより、教皇とその同盟者がプロテスタントによる主権の主張に挑戦したため、長期にわたる一連の戦争につながった。

十七世紀半ばまでには、ヨーロッパの政治的・法的環境は大きく変化していた。中世の西欧キリスト教の垂直的制度は、主権国家に支配された水平的制度に置き換えられた。カトリックの統治者でさえ、自分たちの土地を完全にコントロールできるという考えに惹かれた。中世ヨーロッパ制度の死滅において、もっとも重要で象徴的な道標は、ウェストファリア条約（一六四八年）である。この講和は、

三十年戦争、つまり一世紀にわたるプロテスタント対カトリックの最後の戦争を終わらせ、近代の始まりとして今日理解されている。

承認はどのように発展したのか?

宗教改革とウェストファリア講和の結果として、ヨーロッパは、単に事実としてだけでなく権利として、お互いの独立を受け入れる、別々の国家の集合体となった。同様に、新しい国が出現すると、新国家は自分たちが離別する国家に対してだけでなく、他に存在する国家に対する独立も主張した。このアナーキーで分権的な国際制度は、こうした新たな政体による国家性の主張の妥当性を評価する制度的方法を編み出す必要性を駆り立てた。そうした手続きは、承認として知られるようになった。それ〔承認〕は、新しい国際制度において、既存の国家が新しい国に対して、主権国家性に紐づけられるあらゆる権利と義務を持っていると保証する方法である。

アメリカ合衆国の独立は国家創設をいかにかたちづくったか?

一七七六年のアメリカ合衆国の創設は、間違いなく国家性と承認の物語の中心的な位置を占める。国家の国内政治発展という意味で、アメリカは、正統な政府というのは統治される人びとの同意に基づくべきであるということ、人間に内在する権利を守るよう設計されているべきであるということ、そして憲法上の分権によって権威が制限されるべきであるということを、明確に宣言した最初の国である。これ以前は、ほとんどの国家は純然たる世襲の君主制国家だった。王権神授説に従って、王家の血統を引く者たちが権威への宗教的資格を有していた。基本的には、このことは、支配する君主の権利には制限がないということである――たとえ国王の特権が、貴族階級、諸都市、その他の社会構成要素に縛られることがよくあるとしても。君主的権威というアイデアは、正式にそれを拒否した国々であってさえ、揺るがすことが難しい。たとえば、アメリカの独立時、正式に議会君主制であったイギリスも、正式に共和制であったオランダも、比較的強い世襲統治者と弱い議会を有していた。対照的に、アメリカの権利を保護する立憲共和制という、人民の意思に基づくリベラルなモデルは、直接的あるいは間接的に、さまざまに独善的な統治形態を経験している他の国家にこの上なく影響を及ぼすだろうと考えられた。世界中の多くの法治制度は、アメリカの〔建国の〕土台となった文書――主として合衆国独立宣言と、合衆国憲法――あるいは実践を真似しようとした。

アメリカの創設は、国家間関係の発展という意味でも重要であった。第一に、十八世紀に唯一、一般に承認された新国家アメリカの出現は、外国による新国家の承認が、国家として対外的に存在するために必要な前提条件であることを示した。十七世紀半ばにはスイス、オランダ、ポルトガルの独立承認があったが、これらの事例は――近代的国家制度の形成過程に生じたことであり、相手方の統治者の宗派がプロテスタントであろうとカトリックであろうと関係なく、既存の政体が互いの主権を徐々に受け入れるようになっていたが――標準的な承認習慣を確立しなかった。国家性のために新たに熱烈に動く者は稀で、コルシカやクリミアといった出現した国家は、地盤を固め、長期間耐えるような政体を確立せず、広範な国際承認を求めるには十分でなかった。対照的に、アメリカが独立を宣言すると、指導者たちは大小の外国勢力からの承認を求めた（アメリカを承認した最初の国々の中に、モロッコやスウェーデンがあった)。そうすることで、諸国家は、承認がなければアメリカは国家性に紐づけられた権利を国際的に享受することから除外されるだろうことを明確に理解した。〔これらの権利には〕開かれた、正規の外交・経済関係を持つ権利や、国家間条約や合意を締結する権利を含む。

第二に、アメリカに国家制度への参加を認めることは、正統な国家性の基準を明らかにした。圧倒的多数の既存国家は、十三植民地の一方的分離が王朝の権利(これは、当時の国際社会の構成からして、おおよそ国家の権利と同義である)と相容れないことを目の当たりにし、確立した慣習に依拠したり、最近の先例を参考にできなかった。王朝の権利は、王権神授説を反映した権利だが、正統な君主の統治を奪うことができないものとする。主権や領域の名前を変える唯一の妥当な方法、それゆえ新国家が承認され得る唯一の道は、当該君主の同意をつうじてだけだった。このことが意味したのは、イギリス国王が、一七八二年にアメリカの交渉者との和平交渉でそうすると示すまで、既存国家の絶対多数は、アメリカを承認することを拒むということだった。興味深いことに、唯一の例外はフランスだった。フランス政府は、新国家の創設に王朝の権利を適用することに異議を唱え、代わりに一七七八年にアメリカを承認した。その根拠は、オランダ、スイスやポルトガルの承認に遡る、事実上のあるいは実効的な国家性という適切な基盤であった。しかし、これは相当少数派の見方だった。他の国家で、十三植民地が自分たちの合意によって——つまり革命によって——親国家との結びつきを解体する権限を有するというアメリカの主張や、実効的に設立された独立の政体は国際的には正統な国家を構成するというフランスの主張を受け入れた他の国は一つもなかった。永住人口、確定された境界線、政府そして実効的な独立さえ、正統な国家性を獲得するのに十分ではなかった。既存の国家の要素として、当該国家の主権に対する同意が必要だった。アメリカという政体が、国内政治制度という意味でいかに新しく革命的であっても、アメリカは最終的にはそうした同意をどうにか確保したのである。

ラテンアメリカはどのように独立を獲得したのか？

アメリカが独立した後、国際舞台において新国家の次なる波が起こったのはラテンアメリカ諸国であった。これらの国家が十九世紀前半に出現した原因は複雑でさまざまあったが、多くの事例で、大元はフランスとイベリア半島におけるナポレオン統治時代とつながりがあった。

アメリカに続いてアメリカ大陸で二番目に国家性を獲得したのは一八〇四年、ハイチで、フランス大領主に対して奴隷反乱を起こした後のことである。これにスペインやポルトガルの植民地独立が続いた。スペインがフランスの支配下であったナポレオン時代、これらの諸国は実質的に自ら統治していたため、距離の離れた本国から復活した専制的君主支配に置かれることを望んでいなかった。一八一一年に始まり、その後約十五年間にわたって、スペイン領アメリカ地域——エクアドル、コロンビア、メキシコ、パラグアイ、ベネズエラ、チリ、アルゼンチン、ボリビアを含む——はスペイン王国から一方的に分離した。

しかし、大陸ヨーロッパの諸大国は、王朝的正統性の原則を支持し続け、頑として、こうした分離独立は認められるべきではないとした。スペインの支配を回復すべく、軍事介入の脅しをかけるまでしたことさえあった。対照的に、アメリカとイギリス——一七九〇年代はじめ以降、一連の立憲改革を実施し、君主制を弱めていた——は、大きく異なる見方を持っていた。古典的リベラル思考を持つ先導者として、この二つの国々が主張したのは、いかなる人びとにも、自分たちがその下で生きてきた主権統治者を放棄する権利を含み、政治的な方向性を決める自然権があるということだった。二国はこうも考えていた。第三国はこうしたプロセスに干渉しない義務があり、干渉すれば外国の国内問題への不干渉原則を侵害する。

イギリスとアメリカによれば、自決への干渉を差し控えるために第三国に求められることは、どちらに転ぼうが結果を尊重すべきであるということを必然的に意味した。仮に人びとが実効的な国家性——安定的で、実効的な領域を持つ政体であり、その中で人びとが新しい統治者に習慣的に従うこと——を確保できれば、統治者は現地でのその現実を承認させるに値することを意味した。人民の意思を評価する妥当な方法について国際的な合意がないため、いかなる外部の評価も、事実上の国家は、トマス・ジェファソンの言葉を用いれば「実質的に宣言された国民の意思」の具現化だという前提を根拠とする。言い換えれば、事実上の国家の設立も、継続的な存在も、その居住者たちによる最低限の暗黙の賛成なしにはあり得ないということが想定された。この人民の同意という前提は、それ以前にあった王朝の同意という概念に勝利したのであるが、これによってアメリカとイギリスは、自分たちの事実上の存在を証明した諸国家は承認されるべきであるという結論に至った。これら〔二カ国〕が考えた通り、スペインの主権やアメリカ大陸諸国の領土保全を尊重する義務は、スペインの手中にあるスペイン領アメリカにかかっていた。自決を実行した事実上の国家が親国家から離れると、その義務は消失した。アメリカは、一八二三年のアメリカ議会での大統領演説で新しい政策を発表し、これがのちにモンロー・ドクトリンとして知られるようになった。イギリスは、これに比べるとそこまではよく知られていないポリニャック・メモランダムをつうじて、同年、政策を発表した。

ラテンアメリカ諸国の独立はなぜそれほど重要だったのか?

ラテンアメリカ諸国の独立によって、独立と国家性に対する国際的な態度の変化は次の段階を迎えた。このことが重要であったのは三つの理由による。はじめに、〔ラテンアメリカ諸国の独立によって〕王朝の権利原則を決定的に吹き飛ばすこととなった。王朝の権利原則は、数十年早く起こったアメリカに対する承認において、ほぼすべての国家の態度を決めるものであった。次に、既述の通り、〔ラテンアメリカの独立は〕実効的な、または事実上の、国家性基準が現れた瞬間を表してもいた。この基準が、次の一世紀半にわたって分離独立への反応の手引きとなった。

しかし、ラテンアメリカ諸国の出現のおそらくもっとも重要な効果は、ウティ・ポシデティス・ユリス原則の発展であった。ローマの物権法(ウティ・ポシデティス、イタ・ポシデティス、つまり「あなたが所有しているように、あなたは所有し続けても良い」)に由来するこの原則が実質的に意味するのは、関係者たちの間で別段の合意がない限り、ある領域の独立前の行政的な境界線は、当該領域が国家となった暁には国際的な国境線として認められるというものである。修正されたかたちで、この原則は今日の国家創設の中核要素となった。というのも、常にではないけれどもたいてい、新国家の領域を明確にするための分かりやすいメカニズムを提供するからである。

この原則が現れたのは、ラテンアメリカで十数カ国以上の新国家が比較的すぐに到来したためである。このことは、沢山の管轄権問題をもたらした。というのも、スペインのやり方というのは、所有する植民地を高級植民地管轄地（副王領）と低級管轄地（都督府とその他）に分けるという構成の仕方だったからだ。居住者の政治的アイデンティティや忠誠心は地位のより低い区域の方にあり、独立を宣言したのはこれらのまとまりであった。しかし、複数の事例で、副王領都市における独立運動は、かつて自分たちが支配下に置いていた地位の低い区域の領有権を主張した。たとえば、ブエノスアイレス当局は、リオデラプラタ副王領のかつての中心都市であり、新たにリオデラプラタの連合諸州の首都となることが布告された場所であるが、最終的にアルゼンチンになる場所を支配下におさめただけでなく、チャルカス（のちのボリビア）、パラグアイ、そしてバンダ・オリエンタル（のちのウルグアイ）の管轄権も主張した。

これらの主張が取り上げられなかったら、広範な紛争を引き起こしていた可能性もある。紛争を未然に防ぐため、新たに共和国をつくった指導者たちは、スペインの植民地法の階級において以前の立場がどうであったかを考えることなく、スペイン王室によって線引きされた行政区画の中で事実上の独立を自分たちで確立することができた、あらゆる政治共同体を受け入れることに徐々に合意するようになった。言い方を変えれば、副王領のレベルで忠誠心が存在しないところで、スペインによって線引きされたより低位の行政上の境界線が引き継がれた。この目的のために、ウティ・ポシデティス・ユリスは、どのまとまりが主権的立場を取るのに適格かについては決定しなかった。それよりも、それはある集団が事実上の国家として自らを一度確立すれば、それらは植民地法の下で有していたいかなる境界線も受け継ぐものであり、その範囲を超えた領域までは取得資格はなく、あるいは、かつて、より高位の政体であったものに包含されるといったことを決定した。ラテンアメリカにおけるウティ・ポシデティス・ユリス原則の出現は、それゆえ、隣国による領域的な占領に対する、新たに設立した国家の安全策として企図された。

アメリカの南北内戦は分離独立への態度をどう決定づけたか?

アメリカ合衆国から南部諸州が分離しようとすることに対する国際的な反応や、一八六一年の南部諸州によるアメリカ連合国の設立は、約四十年早くラテンアメリカで確立した国家性と承認に関する規範の実際上の効果を見る上で、非常に好例である。アメリカとその他の大国、とりわけイギリスとフランスとの間で、ときおり緊迫になる外交上の中心的課題は、アメリカ連合国が事実上の国家として疑いなく設置されるようになったか否かという点であった。

何年間にもわたる奴隷制に関する激しい議論の後、一八六〇年十二月にサウスカロライナで始まったものであるが、複数の南部諸州は独立を宣言した。彼らが主張したのは、合衆国憲法は合衆国諸州に一方的分離独立の権利を与えているということであったが、連邦政府はいかなるそのような権利も存在しないと否定した。政治権力を握るとすぐ、エイブラハム・リンカン新政権は、一八六一年二月に独立を宣言したアメリカ連合国に対する諸外国による振る舞い方に影響力を及ぼそうとした。直接的な敵対行為が勃発する前でさえ、アメリカ国務長官のウィリアム・スワードは、アメリカ諸国にとってもっとも重要な国外勢力であったイギリスに対し、国内紛争に対する国外からの不干渉を頼み込んだ。とはいえ、スワードでさえ認めたのは、他の諸外国勢力が、アメリカ連合国の存在を独立した政

体として結論として証明しても、それは諸外国の権利の範疇であろうということであった。(1)

イギリス、フランス、そしてその他の外国勢力は、連合国が交戦主体であることを認めたが、にもかかわらず、この闘争における中立を宣言し、完全な国家承認の基準として事実上の国家性を受け入れた。しかし、重要な点は、これら諸国はそのような承認のために高い基準を設定したようであり、いかなる決定も急いだわけではなかった。アメリカ合衆国政府が分離独立を抑えることができないように思われた、この内戦の初期段階で連合国側が大きな勝利を収めた後でさえ、諸外国勢力は承認を控え、状況を静観することを選んだ。すべての例において、連合国の勝利はその後劣勢へと変わり、アメリカ合衆国政府側が、一八六三年七月にゲティスバーグとヴィックスバーグで戦いに勝利すると、この承認問題は二度と再浮上することはなかった。

十九世紀後半において国家創設はどう進展したのか?

ラテンアメリカ諸国の独立に際して現れた事実上の国家性原則は、アメリカの南北内戦における国際的な反応をかたちづくったという点で役割を果たし、その後の十九世紀そして二十世紀の前半にわたっても、分離独立に対する態度を決めるという意味で重要な役割を果たし続けてきた。とりわけ、実効的支配が中心的な承認基準であるべきだというアメリカやイギリスの見方が、他の大国からも徐々に受け入れられるようになった。王朝の正統性が低下し、立憲政府が興隆したことは、この変化が生じた大きな理由であったが、事実上の国家性という概念は、次のような事実に疑いの余地なく助けられていた。つまり、〔事実上の国家性は、〕分離派の地域で、海賊のような対外的に有害な行為に責任を持たせる運用上の利益を提供したのであり、〔この責任は〕自分たちの支配下にある領域から生じるものであった。

その結果、続く何十年もの間、事実上の国家性の達成は、新国家創設において根本的に重要な要素であるということになった。たとえば、一方的分離独立の事例でも、それが不可欠であると証明された。メキシコからのテキサスの独立宣言（一八三六年）、コロンビアからのパナマの独立宣言（一九〇三年）、そしてロシアからのバルト諸共和国の独立宣言（一九一七―一九二二年）といった例がある。これ〔事実上の国家性の達成〕は、既存国家で他の国内要因に基づく変化にも適用された。複数国家の合併によるイタリア王国の形成（一八五九―一八六一年）、それから、第一次世界大戦終結にあたって、オーストリア＝ハンガリーが解体し、複数の新国家になった例がある。従来は管轄権や地理的な境界線を有していなかった集団が含まれる事例においてさえ適用されることがあった。たとえば、ギリシャ王国の創設がある（一八二一―一八三二年）。事実上の国家性概念は、もはや国家創設と承認を実践する基礎を形成しているとはいえない――これからみるように、事実上の国家性概念は、今日では、確立された国家の領土保全の尊重が一般に優先されることで置き換えられてきた――が、この原則はより最近でも、ときとして実感されることがあった。おそらく、第二次世界大戦後の事例で最適な例は、イギリス委任統治終了後のイスラエルの設立である（一九四八―一九四九年）。アラブ人の隣人たちからの攻撃を生きながらえ、イスラエルの存在は広く受け入れられるようになった。

自決の原則はどのように出現したのか？

分離独立と国家創設に関してもっとも影響力のあるアイデアの一つは、第一次世界大戦終結時に到来したものであり、その際、アメリカ大統領ウッドロー・ウィルソンが、人びとは自分たちの国民国家の中で自分たちを統治する権利を持つべきだという原則を説明した。このことは、独立の権利がどうみられるかという点で、その当時大転換をもたらしただけでなく、今日でもなおその効果が実感されている。今日でさえ、人びとは自決権が国家性を導くと語る。しかし、その重要性にもかかわらず、ウィルソンによって提示された原則は、いくつかの深刻な欠点を抱えている。

十九世紀に出現した事実上の国家性で承認原則が意味したのは、自決は、本質的に、否定的な意味で理解されていたということである。第三者は、分離独立の動きに介入してはならなかった。第三者は、単に結果を承認することだけが期待されていた。仮にある領域が独立した姿を成功裏に確立することができた場合、それは受け入れられねばならないということだ。反対に、ウィルソンが提案したのは、人びとが自決の権利を有するということであった。このことが意味するのは、第三者は、人びとがこの目的を達成するように支援する積極的な義務を有するということであった。ウィルソンはアメリカや他の国々に対して、国家性の獲得を願う人びとの積極的な擁護者になることを望んだ。自身が述べたように、ウィルソンは「自分たちでは解放できなかったであろう人びと」を解放することを望んだ。(2)

この政策は原則的には称賛できるものに見えたが、重要な実践上の問いを生んだ。第一に、どの人びとであれば自決権を用いる資格を得られるのか？　第二に、そうした人びとが独立したいという意思を測る適切な手続きとは何なのか？　第三に、そうした人びとに対する国際的な支援として適切な範囲とはどのようなものか？　いずれの問いにも明確な答えはない。たとえば、誰が自決権を用いる資格を得られるかに関し、独立を求めていればいかなる集団にも自決権が認められるべきなのか、あるいは一定の形式の行動が求められるのか、はっきりしていなかった。ウィルソンが行ったよく知られた演説の中で、国家性を追求する積極的な努力が、支援を受けるための前提条件であるべきだと示されたことはなかった。

さらに、この政策に関連して非常に真に迫った実践上の問題があった。ほぼすべての事例がそうだが、自決の主張が争われた場合、いかにしてその主張が正真正銘の代表的なものであると評価できるのだろうか？　自決を主張する人びとが、領域保有の権利を主張するも実際には保有していない場合、外部の国家がいかにして自決に関する主張の実現を保障することができるのだろうか？　たとえば、一九一八年十月にアイルランドの代表団がウィルソンに伝えた通り、もしアイルランド人に自決の権利があり、はっきりとイギリスの統治からの独立を求める場合、アイルランドからイギリスを退却させるのはアメリカや他の外国の責任なのだろうか？　総合すると、これらの問題は、乗り越えられないわけではないが、深刻な実施上の難しさを抱えている。

これらの難しさは、第一次世界大戦終了時のパリ講和会議の開催中に明らかになった。会議終了までに、ウィルソン自身を含めた参加者たちは次のことを認識した。もし単に国家性を求める声を上げるだけで、集団が独立のための積極的な権限を得るなら、そしてもし部外者がそれに伴ってそうした主張を支援すべく介入しなければならないなら、国家の細分化と国際的な秩序の混乱が際限なく起こるだろう。このような理由により、自決に関するウィルソンの巧言がどうあれ、第一次世界大戦後、彼のアイデアはほとんど現実にはならなかった。チェコスロバキア、ポーランド、ユーゴスラビア、フィンランド、そしてバルト諸共和国だけが、事実上の独立した国家性を獲得し、国際的な承認を受けた。多くの他の集団、たとえばクルド人は、国家の獲得を公に願うも、失敗した。

それゆえ、ウィルソンが提案した自決のアイデアは、理論的には画期的であったが、国際的な実践における実際的な効果が出るのは何十年も遅れたというのが本当のところである。自決権という概念は、脱植民地化の過程と同時に、一九四五年以後、部分的に実を結ぶようになっただけである。

国家性のためのモンテヴィデオ基準はどう発展したのか？

第一章で述べたように、国家の権利と義務に関するモンテヴィデオ条約は、今日、国家性の基本的な条件を規定するとみなされている。確かに、モンテヴィデオ条約は、多くの人たちから、侵すことのできない条文であるとみなされるようになっている。しかし、基準はしばしば国際法の専門家に引用されるものの、この条約の詳細については実際のところよく知られていないというのが実情だ。たとえば、モンテヴィデオ条約がグローバルというよりはアメリカ諸国間の条約であったということを知っている人はほとんどいない。

この条約は、一九三三年十二月二十六日に正式に署名されたものであり、ラテンアメリカの法律専門家や政府が旗を振って、フランクリン・デラノ・ローズヴェルトによるラテンアメリカに対する反介入主義的な善隣外交を下支えするために、法的拘束力を持つ条約を導入したものである。一九三三年三月の大統領就任時に打ち立てられたこの政策は、三十年間にわたるアメリカによるラテンアメリカ諸国の国内問題への干渉を廃止する目的で考案された。この干渉には、「不法に」形成されたとアメリカがみなす事実上の政府の一方的な非承認や、制裁を含む。〔不法にとは〕たとえば、軍事クーデターやその他の憲法上規定されていない方法である。これを説明するのは、第三条であり、以下の通り規定する。「国家の政治的な存立は、他国による承認から独立している」。この文は、今日では――間違ったかたちで――国家性に承認は必須ではないという証拠として、多くの国際法学者に引用されている。ところが、正しい文脈で読むと、この条約のテキストが示唆するのは非常に異なる意味である。実際には、次のようなことを目的に明示的に策定されたものである。国家間の法的な平等原則を推し進めること、そして土着の人びとによって設立された事実上の国家の承認を拒否することを含む、アメリカ大陸諸国におけるさまざまなかたちの外国の干渉を非正統化すること、である。

より一般的には、この条約の一番の目的がアメリカ諸国間の関係を統制することであったことを考えれば、同条約は国家性について策定した最初のものでも最後のものでもない。この条約は、国家性の獲得基準は歴史的に何であったかを、完全には明示していない。ある政体が国家性基準を満たした場合には、たとえ承認がなくとも国際的には国家の権利を自動的に有するのか、ということも記していない――多くの人びとが間違って信じているように。既述の通り、承認に関する条項は、さまざまに異なる解釈で読まれることが意図されていた。こうした理由で、モンテヴィデオ基準は、基準にされるのにふさわしい以上に重要性を与えられている、と指摘する主張はもっともだ。

国家の領土保全の原則はいかに出現したのか？

現代国際政治でもっとも重要な原則の一つは、国家が力によって領域を取得することは国際的に受け入れられるべきではないということである。歴史のほとんどの間、国際政治は実質的に「力は正義なり」〔という世界観〕で形成されてきた。特定の状況下において力で勝る方が勝者となるのであった。もし、武力紛争である国が他の国の領域を支配できれば、その領域を取得する権利があった。しかし、この「征服する権利」は戦間期に変化し始めた。

従来はスティムソン・ドクトリンと知られていた、非承認ドクトリンは、二つの主要な出どころを起源としている。一つ目は、国際連盟規約（一九一九年）の第十条である。この条約は、加盟国に対し、国外からの侵攻に対して、すべての加盟国の領土保全を保護し、確保するよう行動することを義務付けた。二つ目はパリ不戦条約（一九二八年）であり、ケロッグ＝ブリアン協定としてより知られている。最初に署名したのは十五カ国――アメリカ、イギリス、フランス、ドイツ、そして日本を含む――であり、その後さらに四十カ国が続き、同協定は国策の手段として、戦争を違法化した。

このドクトリンは、一九三一年に日本が中国の満洲に侵攻し占領した経緯によりつくられた。日本が満洲での支配を固めるにつれ、アメリカ国務長官ヘンリー・スティムソンは、一九三二年一月、次のように発表した。アメリカは「中国と日本の双方、およびアメリカも締約国である一九二八年八月二十七日付のパリ不戦条約の協約及び義務に反する手段によってもたらされるいかなる状況も、条約も、合意も、承認するつもりはない」。アメリカは国際連盟規約を批准しておらず、国際連盟の加盟国でもなかったため、この宣言は単にワシントンの見解を一方的に示したに過ぎなかった。しかし、数週間後、国際連盟理事会が、〔連盟規約〕十条への言及を付け加えつつ、非承認をすべての加盟国が従う「べき」政策にしたことで、アメリカの声明は重要性を帯びた。その結果、それに続く満洲国独立の宣言は、日本以外のいかなる国からも国際的に承認されなかった（とはいえ、第二次世界大戦が近づく文脈において、イタリア、スペイン、ドイツ、ハンガリー、そしてソ連が承認した）。日本が、満洲国〔独立〕は国内的自決の結果で正当だと主張しても、国際連盟もアメリカも拒否した。これらの見解通り、満洲国は外からの侵攻がなければ創設されることはなかったものであり、それゆえ違法であった。

スティムソン・ドクトリンが満洲国の事例に適用されたことで、分離独立と国家創設に関していくつかの重要な法的、政治的発展に注目が集まった。国家性は、モンテヴィデオ条約に規定された基準を単に満たすだけでは理解され得ない。国家性は、既存の国際法規範を侵害しては獲得され得ない。加えて、モンテヴィデオ条約によれば国家性は承認に依拠するものではないとされるが、実際には、総じて承認がない場合には、当該政体は、国際関係および国際法実務において、国家として存在していないことを意味する。しかし、おそらくもっとも重要なのは、この事例が示したのは、国家性の基準、そしてそれゆえ承認の条件は、より広範な国際的な態度が変化するにつれて発展し得るということである。

これは、第二次世界大戦終結後に顕著にみられるようになった。力を伴う領域変更により生じた法的な主張に対する非承認の実践が再び確立されただけでなく、新たに生じた国際秩序においてさらに強調されるようにもなった。とりわけ、国家の領土保全は、国連憲章第二条第四項で黙示的に認められ、同憲章は当該領域あるいはいかなる国家の政治的独立に対する力の行使あるいはその脅威を及ぼすることを禁止する。この点は、国連友好関係原則宣言や、最終的に欧州安全保障協力機構を創設することとなったヘルシンキ最終文書のような、他の地球規模ないし地域的条約の法的文書など広い範囲でその後確認されてきた。領土保全のアイデアは、今日、国際制度の中核的な柱をなしている。

第三章　現代的ルール——自決と脱植民地化、一九四五—一九九〇年

脱植民地化はどのように始まったのか？

分離独立と国家創設の文脈において、第二次世界大戦後に現れたもっとも重要な潮流は、脱植民地化のプロセスであった。戦争終結までに、ヨーロッパ域外では、植民地主義は現代世界でもはや居場所はないという理解が広まりつつあった。とはいえ、国際派の中では、非植民地国が完全な「文明化」を達成し、自らの独立政府を実効的に統治できる能力を示すことができるまでは、海外植民地主義は必要な国際制度である、という一般的見解もまだあった。このような十九世紀および二十世紀初頭の見方は、新たに設置された国連の憲章にさえ反映された。国連憲章第十一章「非自治地域に関する宣言」は、「人民の自由な政治制度の漸進的発達について人民を援助すること」を関連加盟国に求める。

脱植民地化は、いくつかの国では早くも一九四〇年代には始まった——インド、パレスチナ、ビルマ（こんにちではミャンマーとしてより知られている）、そしてインドネシアである——が、独立要求が本格的に勢いを増したのは一九五〇年代の間であり、この問題について一貫したアプローチが必要だということが明らかになってきた。一九五〇年代半ばまでには、主権は「文明化」を前提とする、という考え方が総攻撃を浴びるようになった。宗主国自体でさえ、脱植民地化要求を前に、納得させら

れるような守りで固めることがすます難しくなっていた。国際社会において、植民地支配と従属的地位はもはや許容できないというほぼ普遍的な総意が醸成された。脱植民地化に関する文書がはじめて謳ったのは「あらゆる人びとが自決の権利を有する」こと、領域内での政治的、社会的、経済的、教育的な条件が欠如しているか否かにかかわらず、すべての植民地支配下の人びとの独立の願いが達成できるよう認められなければならないということだった。ここから、脱植民地化のプロセスの動きは速かった。一九五五年から一九六五年の十年間において、国連の加盟国は、六十から百十七と、ほぼ二倍になった（国連加盟国と加入年を記載した完全なリストは付録Aで確認できる）。

脱植民地化の過程はなぜそれほど重要だったのか？

脱植民地化は、いくつも相互に関連する意味で変革的だった。第一に、それはウィルソン主義の自決という積極的権利の概念が勝利したことを象徴するものだった。国連総会決議第一五一四号（一九六〇）[1]は、脱植民地化に関する画期的な文書だが、特定の集団――非自治および信託地域（後者は国際連盟の任務を引き継いだものである）の人びと――を国家性を有する資格があると、はじめて定義した。同決議は、国連憲章が指定したこれらの植民地領域の人びとが独立を望む声を上げる場合には、宗主国は撤退することが求められ、第三者がその人びとの地で新国家が生まれる手助けをすべきである、ということを明示した。脱植民地化は、それゆえ、ウィルソンや彼の支持者が答えられなかった重要な問いに答えるように思われる。つまり、具体的に誰が、自決と独立の権利を有するのか、そしてその権利に関して第三者が持つ義務とは何なのか？

いくつかの植民地宗主国は、当初、少なくともいくつかの支配領域から撤退することを拒否したものの、最終的には、すべての宗主国が脱植民地化を受け入れるようになった（ポルトガルと南アフリカがもっとも長く抵抗した）。その結果、〔脱植民地化の〕過程は、実際、比較的平和裏に進んだ。確かに、宗主国が戦い、しばしば自決を求める運動に対する残酷な紛争となった特筆すべき事例もあった――たとえば、アルジェリアやベトナムにおけるフランスのキャンペーン、インドネシアにおけるオランダ、モザンビークやアンゴラにおけるポルトガル、ケニアやキプロスにおけるイギリスである――が、ほとんどの植民地からの独立のプロセスは、直接的な暴力が振るわれることなく進んだのが実際のところである。

第二に、脱植民地化は、国家性と承認の基準を変えた。国際社会は、土着の人びとによって創設された新国家を承認するための根拠として実効的国家性という基準をほとんど廃止した。これは必ずしも、承認される国が実効性を欠くということを意味するわけではなかった。単に、完全に実効的な政府があることが、承認をする前提条件とみなされないということを意味するだけだった。もし、ある主体に自決に訴える権利があると考えられる場合には、国家性を承認する上では名目上の政府があれば足りる。同様に、実効的な国家性の基準を満たす考え方では、外国による国家承認には領域が必要である――そしてこの要件を欠けば承認の対象から除外される――が、これも実質的に棄却された。

新たに独立した国家の国境はどのように決められたのか？

脱植民地化プロセスから生じた重要課題の一つは、新国家の国境の画定であった。全く異なる二つの課題があった。第一は、近隣国家から新国家の国境線を保護することに関係した。第二は、これらの新国家が、分離や近隣国との領域の統合を追求する国内集団からの圧力に直面する恐怖にかかわるものであった。

究極的には、いずれの問題も、第二章で論じた通り、ラテンアメリカ諸国の独立時にはじめて登場した、積年のウティ・ポシデティス原則を適用することによって解決した。植民地宗主国によって設定された領域の境界線は有効なままであり、新国家の同意なく変更されないということが合意された。興味深いことに、国内の脅威に対して国家を保護する目的でウティ・ポシデティス原則が使われたことは、実は、概念的に新しいイノベーションであった。十九世紀には、この原則が使われたのは新国家の領域を外からの略奪行為から守るためであって、国内の分離行動から守るためではなかった。たとえば、それはテキサスやパナマの分離からメキシコやコロンビアに保護を与えるものではなかった。国際的には、こうした行為は事実上の国家性の一般的な承認基準に入るものだった。対照的に、一九四五年以降の脱植民地化では、この原則は、主権や領域保全に対する国内からの挑戦に対して新たに形成された国家の権利を守るためのものだと理解されるようにもなった。独立の時点で、新国家の国境線は干渉され得ないものとなった。外部勢力からも内部反乱によっても国境は変えられないこととなった。

これは目的に適ったアプローチのように見えるが、実際には問題を孕んでいた。ほとんどの植民地の境界線は人工的であり――そしてしばしば著しくそうであった。帝国は、植民地以前の政治制度を確認したり、従来からそこに住む人びとの意見を聞くこともなく、線を引き、押し付けた。ラテンアメリカでは、こうした地境は、何度も、政治的境界となって具現化した――こうした地では十九世紀初頭の独立戦争時までには、ほとんどの地域にはっきりと、そして発展した国民意識のある人びとが存在した。アフリカ、アジア、あるいは南太平洋では、しかし、植民地の境界線は実際の政治的忠誠心のパターンとは合致していないことがほとんどだった。ウティ・ポシデティスは、それゆえ、新しい国際的な国境線の中で、統合された市民性を生み出すという点ではほとんど何も意味を持たなかった。新たに創出された国家間の境界地あるいは境界をまたぐ多くのコミュニティは、たいてい民族的・文化的な意味で境界線を自分たちで決めており、自分たちがその中にいると分かりながら国に対して自決権を要求する。しかし、彼らが住むようになった国の国境線が侵すことのできないものとなったため、彼らの野望はくじかれた。

自決と領土保全の原則はどのように折り合いがつけられたのか？

現代国際関係で最大の緊張状態にあることの一つは、明白な自決に対する人びとの権利と領土保全が尊重されるようにする国家の権利に関することである。国際社会は、既存の諸国家の国境線を認めなければならない状況において、どのように人びとが自らの国家を持つ権利を同時に認めることができるのだろうか？　この難問を解決するために、自決の概念は大きく異なる二つの方法で理解されるようになった。

これらのうち一つ目は、「対外的自決」として知られている。この形式の自決は、ある国の人びとに独立した国家性を追求することを認める。しかし、これは非常に狭い諸条件のまとまりとの関係で知られるようになった。主に、これは占有地といった、外部の征服下にあると考えられる海外植民地や領域に適用された。また、これは合意をつうじて設立された新国家にも適用されることが受け入れられるようになった——同意の上で解体された国家の他の構成地域との合意、たとえばマリ連邦のように、一九六〇年にマリとセネガルの創設につながった事例、あるいは分離しようとする政体の場合には親国家の合意がある事例もある。

重要なことだが、対外的自決権は、ある国家領域からの同意に基づかない分離を許すとは考えられない。これは、歴史上、もっとも一般的な国家形成の方法であったという意味で重要である。新たに脱植民地化した領域の中から、あるいは長きにわたって存在する国家からの自決の主張は、いつも決まって国際社会から反対された。なぜなら、それらは、親国家の領土保全を侵したからである。それとは違って、こうした事例において、自決の第二の形態が生じた。これが「内発的」自決の概念である。独立に導く自決というよりは、これは、たとえば、教育や文化のような、特定の地域での領域的な自治や自己統治をつうじた、国家において政治に参加する人びとの権利として理解された。これが正当だと考えられたのは、既存の国家に生きる人びとは、植民地や対外的に支配されてきた国家とは反対に、実現された独立の権利をすでに有していたからである。

なぜ諸国家がこのアプローチを採用したのかについては複数の理由がある。もっとも明らかなのは、民族が混在する新国家の数が急速に膨れ上がることによって、終わりなき分離競争というドミノ効果が起こる懸念があったためである。ただし、特定の領域内で国家性について相容れない主張に伴う暴力や不安定が惹起される恐れもあった。こうした懸念には、アイルランド、パレスチナ、それからインドで起こったように、領域の分割や国境線の変更によっても敵対する多数派と少数派の過去の係争を解決できなかった歴史が根底にある。最後に、政府の圧倒的多数は、国民を包括的かつ文化的な概念としたいという意向が明白だ。そのような政府の見方では、国家はある領域のすべての市民を代表すべきである。たった一つの集団だけを代表するような排外民族的な国民概念——とりわけ第二次世界大戦後、ナチスによる民族・人種浄化プロジェクトを想起させた概念に依拠すべきではない。

自決、分離や承認を管理する新しいルールは、その後数年間で、国家や国際機構によって概ね尊重されるようになった。一方的分離の後に、国際的に正統な国家として設置することができた唯一の植民地支配後の準国家体は、バングラデシュである（背景にある理由は後述する）。とはいえ、さまざまな人びとの間で、国家性につながるような自決の欲求は存続した。分離競争の数は、しばしば暴力を伴って、続く数十年にわたって急増することになった。

一方的分離がそれほど受け入れられなくなったのはいつか？

一方的分離は不安定化の可能性があり、いつも不穏なものであったが、十九世紀から二十世紀初期の間は、もしある領域が、認められるべき事実上の国家性を実際に獲得している場合には、一方的分離は総じて受け入れられていた。ところが、脱植民地化の時代にこれが完全に変化した。興味深いのは、多くの人びとが想像するほどにはすぐに、または急速には起こらなかったところである。

実質的に、一方的分離に対する今日のような敵意の出現は、一九六〇年代にアフリカで起こった分離に関する二つの事例に遡ることができる。カタンガによるコンゴ民主共和国からの分離の試みと、ビアフラによるナイジェリアからの分離独立の試みは、国際社会による一方的分離独立への反対行動の始点となった。これらの事例によって、国家の領土保全尊重原則は、もはや他国からの脅威にだけ適用されるものではなくなってしまった。それ以降、この原則は分離独立という国内的挑戦にも適用され得るものとなった。

一九六〇年七月一日、コンゴ共和国（今日ではコンゴ民主共和国として知られる）は、宗主国ベルギーから独立を得て、その後すぐに混乱に陥った。十日後、当該新国家の六つの州のうちもっとも豊かなカタンガが、一方的に独立を宣言した。国全体で実効的支配を確立できず、パトリス・ルムンバ首相下の親ソビエト・コンゴ政府は、国連からの軍事支援を要請した。七月十七日、国連安保理は平和維持活動ＯＮＵＣ（Opération des Nations Unies au Congo）を設置した。(2)

その任務はコンゴを安定化させることであり、同国内にまだ残っているすべてのベルギー軍の撤退を促進することも含まれたが、コンゴ政府は、カタンガの分離独立の動きを止めるようＯＮＵＣの展開を要求した。国連事務総長ダグ・ハマーショルドは拒否した。ハマーショルドの見方通り、分離主義的な動きはコンゴにとって国内問題であった――とはいえ、ベルギー、フランス、イギリスの鉱業への関心によって分離独立は支持されていたという証拠がある。しかし、一九六一年九月、ハマーショルドが飛行機事故で死亡すると、国連の見解は変化した。国連軍に与えられた他のほとんどの任務は、全ベルギー軍の撤退を監視することを含めて、完了していたが、そして分離独立に関して外部の政府が関与しているという証拠はもうなかったが、国連安保理はこの段階で、〔ＯＮＵＣの〕明白な任務の一つは、カタンガを失うことからコンゴを守ることだと結論付けた。国連安保理決議第一六九号（一九六二）は、カタンガによる主権の主張を「完全に」拒否し、あらゆる分離独立活動はコンゴ憲法違反であると宣言した。国連軍はいまやカタンガの分離独立を打ち負かすべく展開された。これは一九六三年に達成された。

カタンガの事例で重要な面は、分離独立を抑える必要性から最終的に生じたハイレベルな国際合意であった。これを動かしたのは広くさまざまに異なる考慮によるものであった。ソビエトにとっては、一九六一年にルムンバ首相の暗殺があったにもかかわらず、統一された親ソビエト政府がこれから誕生することを期待し、同国をまとめておくことが望みであった。一方、アメリカは、カタンガを失えば「ドミノ効果」がもたらされる可能性があることを恐れた。特に、コンゴの他の州で、左派かつ親ソビエトの政治家に率いられたオリエンタル州が分離する可能性を懸念していた。同時に、多くの新国連加盟国が、分離独立運動に実際に直面しているか、その可能性があり、それゆえカタンガが独立すれば他の分離独立の動きを活発化させる可能性があった。このように、カタンガの分離の動きに反対する理由は相当多岐にわたっていたが、結果としては、どこであっても一方的分離独立は総論として反対という立場が現れた。

この新たに確立された分離独立への反対は、数年後、一九六七年にビアフラ共和国がナイジェリアから一方的に独立を宣言した際に非常に明確に確認されることになった。国家性を主張した根拠は、中央政府がこの地域の多数派であるイボ族を暴力的に抑圧したからであったが、にもかかわらず、この分離独立はナイジェリアの領土保全の侵害であるとして、国際社会のほとんど〔の国々〕から非難された。いくつかの国々――ガボン、ハイチ、コートジボワール、タンザニア、そしてザンビアなど――

はビアフラを承認したが、他の国のほとんどはナイジェリアの統一に基づく解決を求めた。ソ連やイギリスを含み、いくつかの国家は、反乱を鎮圧させるためにナイジェリア政府に武器を供与するところまで行った。推定三百万人の死者を出したとされる血の流れた内戦の後、ビアフラの分離独立の動きは一九七〇年一月に終了した。

直接的な外からの関与がない、実質的には国内的に動いたプロセスであったにもかかわらず、ビアフラは一方的分離に対して総論として国際的な反対があることを確認した。このことは、国家の領土保全に対して国内で発生した挑戦は国内的に扱われるべき問題であった、十九世紀の手法から大きくかけ離れたことを示していた。ある結果を支持する外部の声明は、人びとが自分たちの政府を決める権利を損なうものと考えられていた。自衛など、介入する妥当な理由がない限り、部外者は、主権に関して争いが生じているときには、実効支配のテストに委ねることが期待されていた。どちらの側が勝とうが、それは国際的に受け入れられるものだった。反対に、領土保全の名の下に一方的分離独立が反対されるという新しいアプローチは、親国家の統一を維持するためにさまざまな手段を講じて部外者が介入する道を開いた。コンゴやナイジェリアの中央政府に対する圧倒的な国際的支援が、カタンガやビアフラによる分離独立努力の失敗に寄与したことは、ほとんど疑いの余地がない。

一九四五年以来、一方的分離の成功事例はあったのか?

カタンガとビアフラによる分離独立の動きを抑える取り組みの成功は、国際社会が今では人びとの自決よりも領土保全を優先しているというメッセージを発したものの、実際には一方的分離独立がうまくいった例があった。たった数年後にバングラデシュがパキスタンから独立したことは、表向きは、特定の条件下では親国家からの承認がなくても分離がまだ可能であることを示唆した。

一九四七年に独立した際、パキスタンは地理的に、東西パキスタンという二つの部分に分かれていた。インドの領域を挟んで千三百マイル隔てられていた。東部は、人口は〔西部より〕多かったが、政治的には西パキスタンに支配されていた。これにより敵意が生じた。一九七〇年、東部の自治を掲げる政党であるアワミ連盟は、議会選挙に勝利した。しかし、西部が支配的な軍事政権はこの結果の受け入れを拒否した。一九七一年三月二十六日、東パキスタンは、バングラデシュ人民共和国として一方的に独立を宣言した。当初、国際社会は、東パキスタンの中でパキスタン軍が大規模な抑え込みを行ったにもかかわらず、パキスタンの領土保全を支持した。しかし、事が変化したのはその年の十二月、東パキスタンから一千万人の難民を受け入れていたインドが、パキスタンから攻撃を受けたと主張したときであった。報復で、インドはこの紛争に参加し、バングラデシュを承認した。

数日以内に、インドはパキスタン軍を打倒し、それによって東部地域でのパキスタンの実効的権威に終焉をもたらした。もはや、パキスタンの主権が回復され得ると考えることは非現実的であった。その後数カ月の間に、インドが軍を撤退させ、統治はバングラデシュ新政権の手に渡り、多くの国家は独立したバングラデシュを承認する旨決定した。もっとも重要であったのは、バングラデシュが、ソ連、アメリカ、フランス、そしてイギリスから承認されたことである（見過ごせないのは、そして冷戦の文脈において、ソ連とアメリカは、自らが承認しなければバングラデシュは相手側の大国につくのではないかと恐れていたことだ）。一九七四年までに、パキスタンさえ、かつてのパキスタン東部地域は回復の見込みがないことを受け入れ、バングラデシュを独立国家として認めるに至った。同年九月、バングラデシュは百三十六番目の国連加盟国となった。

この例は、一方的分離はまだ可能なのだという証拠として読めるかもしれないが、これ以降の歴史が伝えるのは、実際にはこれは稀な事例だったということだ。他の領域で、かつての宗主国であった親国家の同意なく分離した後に、幅広い国際承認をどうにかこうにか得て、完全な国連加盟国になったところはない。すでに見た通り、バングラデシュだけがこれを成し遂げたのは、パキスタンが最終的にバングラデシュの国家性を受け入れる決定をしたことを含め、例外的な諸条件が揃っていたからである。

一方的な分離行為に対して国連はどう反応したのか?

一九四五年以降、分離独立を試みる沢山の事例があったが、国連で国際の平和と安全の問題を扱う主要機関である安保理に持ち込まれたものは驚くほど少ない。親国家や、より広く国際社会は、しばしば、一方的独立宣言を国内問題とみなし、それ以上に国際的重要性を与えないようにすることを優先する。たとえば、比較的最近の例を用いれば、スペインは二〇一七年、カタルーニャの一方的独立宣言を安保理に提示しなかった。別の事例では、安保理で〔議論が〕とん挫し、一方的分離独立行為のいかなる検討も不可能になることがある。この点で好例はコソボによる二〇〇八年のセルビアからの一方的独立宣言であり、これは安保理で拒否権を行使できる常任理事国三カ国から支持された――アメリカ、イギリス、そしてフランスである。とはいえ、ごく稀に、一方的独立宣言が安保理で議論されることもある。北キプロスとしばしば呼ばれる、一九八三年の北キプロス・トルコ共和国（TRNC）による一方的独立宣言はこの点で珍しい事例である。

一九六〇年、キプロス島は、八十年間にわたるイギリスの植民地支配から独立した。複雑な憲法が施行され、この島のギリシャ系コミュニティとトルコ系キプロス人コミュニティの間で政治力の均衡をとろうとした。それぞれ、人口の七十八％と十八％を占めた（残りの四％は三つのより小規模な宗教コミュニティからなっていた）。しかし、わずか三年後、この権力分有制度は崩壊し、キプロス島は紛争に突入した。一九六四年三月、国連安保理はこの島に平和維持ミッション（UNFICYP）を設置し、仲介努力も確立した。次の十年、この二つのコミュニティの間で政治合意を確保する努力は失敗続きであった。

一九七四年七月、ギリシャの軍事政府がキプロス政府を転覆させたが、これはキプロス島を併合する前触れであった。これに反応して、トルコが侵入し、キプロスの北三分の一を占領した。これにもかかわらず、国連は二つのコミュニティ間での平和創造努力を継続した。一九七七年、両当事者は、今後のいかなる解決も連邦モデルを基礎とすべきである旨合意した。この点は、一九七九年の二つ目の合意でも確認された。ところが、一九八三年十一月十五日、トルコ系キプロス人指導者がトルコの政治不安定を逆手に取り、一方的に独立を宣言した――これによって、交渉における自分たちの立場が強くなると信じていた。トルコ政府は、いわゆる北キプロス・トルコ共和国をすぐさま承認したが、この動きは即座に国連安保理から非難を受けた。安保理は、一方的独立宣言と称されるものは有効でなく、加盟国に対し、キプロス共和国以外にこの島でいかなる国家も承認しないよう要請した。(3)

この事例で、国連安保理が関与した理由は、国連の平和維持・平和創造ミッションが活動している国の中で一方的独立宣言が発生したからであり、また、分離独立行為が、紛争当事者によって合意され、かつ安保理によって支持された解決の原則に真っ向から挑戦するものであったからである。

ローデシアの一方的独立宣言はなぜそれほど珍しかったのか?

国連安保理が関わった、もう一つ非常に重要な事例は、一九六五年、ローデシアによる一方的独立宣言後のことだった。この事例がとりわけ興味深い——そして特別でもある——のは、わたしたちが一方的独立宣言を分離独立と結びつける傾向にあるからだ。この事例は、実際には、脱植民地化を中心とするまったく異なるタイプの状況であった。

アフリカ南部に位置し、鉱物資源豊かな領域であった南ローデシアは、十九世紀後半、イギリスの保護領となった。一九二二年、この領域内の一万八千人の白人定住者たちの間で実施された住民投票で、投票者たちは隣国南アフリカとの統合という選択肢よりも自分たちで統治する方を望んでいることが示された。この領域は、一九二三年十月一日にイギリス王領となった。一九五三年、脱植民地化の声が大きくなるにつれ、この領域は、北ローデシアとニヤサランドとともに、中央アフリカ連邦に組み込まれた。これが終わりを迎えたのが一九六三年十二月三十一日であった。翌年、ニヤサランドと北ローデシアは独立を獲得し、マラウィとザンビアになった。南ローデシアも独立するはずであったが、イギリス政府の次のような主張によって緊張が高まった。南ローデシアの独立は、大多数を占めるアフリカ系の黒人たちによる統治によってなされるべきであり、これは国連総会決議第一五一四号に一致するものである。同決議は、自決権は「人種、信条や肌の色といったいかなる区別なしに」植民地のすべての人びとに適用される旨記す〔というのがイギリス政府の主張であった〕。これは、人口のたった五％でしかなかった、植民地統治側コミュニティから受け入れられないとされた。ロンドンがこの要求を取り下げることを拒否したので、この領域は、一九六五年十一月十一日に「ローデシア」として一方的に独立を宣言した。

この一方的独立宣言に対する国際的な反応は迅速かつ強力であった。イギリスにとって、この動きは反乱行為以外の何ものでもなかった。これは違法行為であると宣言した。同時に、国連安保理は、決議第二一六号を採択した。一方的独立宣言を非難するとともに、諸国家に対し「違法な人種差別的少数派政権」を承認しないこと、またいかなる支援の提供も慎むよう求めた。その後数年の間に、ローデシアは国際舞台からほぼ孤立した。ローデシアを承認した国は一つもなかった――人種差別的なアパルトヘイト制度を運営していた南アフリカでさえしなかった。一方、武装反乱であるローデシア・ブッシュ戦争が勃発し、政府は二つの反植民地政治運動のゲリラ勢力と戦った。ジンバブエ・アフリカ民族同盟（ZANU）とジンバブエ・アフリカ人民同盟（ZAPU）である。一九七〇年代後半までに、ローデシアは取り返しがつかないほどに弱体化した。政府は白人の少数派支配に終止符を打つことを受け入れるほかなかった。ロンドンでの和平協議後、一九八〇年四月十八日、ローデシアはジンバブエ共和国となった。同年八月二十五日に百五十三番目の国連加盟国として認められた。

ローデシアは一方的独立宣言に関して非常に特別な例であった。この事例では、ある領域が既存の国家から分離しようとしているわけではなかった。というよりも、植民地が自分たちのしたいように独立を宣言するものであった。この独立宣言は、単にイギリスの植民地支配を終わらせるというよりも、同国の少数派白人コミュニティが持つ政治的、社会的、経済的特権を永続させることが企図されていた。少数派の支配に基づいて国家を形成するというこの決定に徹底的に反対することによって、国際社会は自決権の範囲を包括的かつ民主的なものと定義する手助けをした。

すべての植民地が独立したのか？

いいえ、だ。脱植民地化によって、アフリカ、アジア、カリブ地域、そして南太平洋でたくさんの新国家が誕生したが、独立プロセスが独立の国家性に至らなかった例もいくつかあった。ある事例では、その理由は当該領域が自発的に別の国との統一を望んだからである――この結論は、脱植民地化に関する国連総会決議第一五四一号で認められたものである。例としては、シンガポール（マレーシア）、英領ソマリランド（ソマリ共和国）、そして英領トーゴランド（ガーナ）が含まれる。またある場合には、別の国が当該地域に対してすでに主権を主張し国際的にも受け入れられているために独立が選択肢とならないことがあった。これについて一番ぴったりな例が生じたのは、一九九七年にイギリスが香港から離れた際のことであり、当該領域は中国に渡った。しかし、また別の事例では、問題となっている領域を奪取する機会ととらえた隣国によって独立の道が妨害されることもあった。二つ特別に適した例をあげるなら東ティモールと西サハラである。

太平洋側に伸びるインドネシア半島の最果てに位置する島の東側であるティモールは、十六世紀にポルトガルに植民地化された。一九七四年、ポルトガルは、左翼軍事クーデター後、アフリカやアジアの植民地から撤退した。一九七五年十一月二十八日東ティモール独立革命戦線（ＦＲＥＴＩＬＩＮ）が独立を宣言した。インドネシアは、その島の西側で主権を有していたが、この発表を拒否した。たった一週間後に、インドネシアは当該領域に侵攻し併合した。東ティモールの人びとの「奪うことのできない権利」としての自決を認め、国連総会と安保理はこの動きを拒絶し、インドネシアは撤退するよう要請した。[4] インドネシアは撤退することを拒否した。これが武装反乱につながった。

国連は、一九八三年に当該領域の将来について、インドネシアとポルトガルの間での協議を開始したが、何の合意にも至れなかった。一九九八年に軍が率いる政権が倒れるまで、状況は変化しなかった。一九九九年五月五日、インドネシアはポルトガルと合意に至り、東ティモールの人びとが彼らの将来について投票することを許可した。八月三十日に住民投票が実施され、七十八％が独立を支持した。この結果をインドネシア支持派の民兵が暴力で迎え撃ったが、インドネシア政府はこの投票結果を受け入れた。決議第一二七二号の下、国連安保理は移行行政〔ミッション〕（ＵＮＴＡＥＴ）の設置を認めた。二年と少しが経過した二〇〇二年五月二十日、東ティモールは、ティモール・レステという名前で独立を宣言した。二〇〇二年九月二十七日、東ティモールは百九十一番目の国連加盟国となった。

もう一つの例は西サハラである。西サハラは人口がまばらな北西アフリカ地域であり、もともと一八八四年にスペインに植民地化された経緯がある。一九六三年、国連は、西サハラは植民地として自決権を有すると決定した。しかし、西サハラには、北部はモロッコも、南部はモーリタニアも主権を主張していた。一九七四年十二月、国連総会はこの件に関し、国際司法裁判所に勧告的意見を求めた。翌年、同裁判所は、モロッコもモーリタニアもこの領域に主権を主張できる根拠がないこと、そして西サハラの人びとに自決権を行使する権利があるはずだと裁定した。[5]この決定にもかかわらず、スペインは、モロッコとモーリタニアとの合意に至ると、この領域から撤退し、すると前者〔モロッコ〕はこの領土の三分の二を併合し、後者〔モーリタニア〕は三分の一を手に入れた。これに対して、独立支持派の勢力であるポリサリオ戦線が武装蜂起を開始し、一九七六年二月二十六日、サハラ・アラブ民主共和国（SADR）〔の設立〕を宣言した。しかし、モロッコはとどまり、モーリタニアがそれまで主権を主張していたほとんどの地域にまで支配の手を伸ばした。一九八五年、国連は平和創造ミッションを開始した。一九九一年、自決をめぐる住民投票の実施が合意され、居住者に独立かモロッコの一部となるかの間で選択の機会を与えることとなった。この合意は安保理から承認されたが、[6]投票が実施されることはなかった。両当事者の間で、誰が投票に参加できる資格があるのか合意に至ることができなかったためである。この問題解決のためにいくつかの主要な取り組みがなされたにもかかわらず――もっとも顕著なものでは元アメリカ国務長官ジェイムズ・ベイカーの仲介の下で行われたたのであった。今日まで、この問題は膠着状態にある。一方、西サハラは四十以上の国連加盟国から承認されており、アフリカ連合の加盟国である。[7]

東ティモールは最終的には独立をなんとか勝ち取り、国連に加盟したが、西サハラはまだしていない。これらの二つの事例が示すのは、国際社会は植民地に独立の権利を認めてきたかもしれないが、それが実現されることを常に確実にはできなかったということだ。

第四章　ルール変更？——現代の分離独立、一九九〇年以降

冷戦の終結は分離独立や国家性をどのように変化させたか？

冷戦の終結は、第二次世界大戦後に出現した国際システムにとって非常に大きな変化となった。アメリカと、ソビエト社会主義共和国連邦（ＵＳＳＲ）、つまりソ連の間の二極体制の終焉は、後者〔ソ連〕の崩壊、ユーゴスラビアの解体、そしてチェコスロバキアの分裂に伴う国際的に不安定な新時代〔の到来〕を告げた。にもかかわらず、同時に、ある程度継続していることもあった。脱植民地化時代に発展した多くのルールはそのまま残った。その結果、今日、多くの事実上の国家が親国家の支配からはどうにかこうにか決別するも、完全な国際承認を得る見込みは、ほとんどあるいはまったくない状況にある。

ソビエト連邦はどのように解体したのか？

冷戦の終結とそれに続くソ連の崩壊は、国連史上、もっとも速い新国家の増加をもたらした。ソ連の解体により、合計十五の国連加盟国が誕生した。とはいえ、これらの国家を創設に導いた詳しい経緯や底流する原則は大きく異なっていた。

はじめに出現した国家は、三つのバルト共和国――エストニア、ラトビア、リトアニアである。専門的には、これらのいずれも実際は新国家ではない。第二次世界大戦のはじめにソ連に侵攻され併合される前の二十世紀前半の間は、これらはすべて独立した国であった。次の五十年間、それらの国々はソビエトの支配下にあった。しかし、一九八〇年代終わりに、ソ連が弱体化し始めると、独立に向けて動く力は増大した。ソ連からの一方的独立に対して諸外国から反対声明があったにもかかわらず、それぞれの国は独立に関する住民投票を実施し、自治を強化する法律を通すことによって、自らの権威を再び主張し始めた。一九九一年八月十九日、モスクワで強硬派がソビエト政府を転覆しようと試みると、この動きは頂点に達した。クーデターはすぐに抑え込まれたものの、バルト共和国諸国は独立を再び主張する機会をとらえた。アメリカと他の西側諸国がこれをほとんどすぐに歓迎した――これら多くの国々は〔バルト三国に対する〕独立の承認を取り消したことはなかったことに注意を払っていた。重要だが、これらの国々の国家性はソビエト政府にも承認されていた。三カ国すべてが、一九九一年九月十七日に国連に〔加盟国として〕認められた。(1)

クーデターは、ウクライナとベラルーシが国家性を主張する機会も提供した。興味深いことに、両国ともすでに国連の完全な加盟国であった。実際、ウクライナ・ソビエト社会主義共和国とベラルーシ・ソビエト社会主義共和国は両方とも、一九四五年に国連の原加盟国であった――両国ともソビエト政府の単なる代理であったけれども。つまり、両国とも加盟のための申請をする必要がなかったことを意味する。一九九一年八月二十四日、ウクライナは独立を宣言し、国連に対し、環境が変化したことおよび新国家名を通報した。次の日の一九九一年八月二十五日、ベラルーシが続き、独立を宣言した。

バルト共和国諸国、ウクライナ、ベラルーシの門出の後、問題は残るソ連に何が起こるのかということだった。この段階でソ連で他をはるかにしのぐ大きな地域である、ロシア・ソビエト連邦社会主義共和国にすべてがかかっていた。ロシアはソ連の残る部分をまとめたままにすることを模索するのか、はたまた他の共和国も独立を宣言することを許容するのか？　結局のところ、どちらもしなかった。一九九一年十二月二十五日、ソ連を解体することについて他の共和国との合意の結果、ロシアはロシア連邦の独立を主張した。他の残るソビエト共和国諸国の同意を得て、ロシアは国連におけるソ連の議席を維持した。この動きにより、残る九つの共和国――モルドバ、コーカサスの三カ国（ジョージア、アルメニア、そしてアゼルバイジャン）、および五つの中央アジア共和国（カザフスタン、キルギスタン〔一九九三年に国名をキルギスタン共和国からキルギス共和国に変更〕、タジキスタン、トルクメニスタン、そしてウズベキスタン）――に残されたのは独立を宣言することだけだった。ほとんどの国々は一九九二年三月二日に国連に加盟した。例外はジョージアであり、数カ月後の七月三十一日に加盟した。

なぜいくつかのソビエト領域は独立を獲得しなかったのか？

ロシアの解体によって誕生した十五の国連加盟国と同様に、複数の他の領域が独立を主張したが、承認されなかった、あるいは限定的に承認を受けただけだった。特に、四つの主要な事実上の国家があった。モルドバには、沿ドニエストル共和国（ＰＭＲ）、より一般的にはトランスニストリアとして知られる、細長いネックレスのような領域がウクライナとの国境沿いにあるが、完全に未承認である。それから、南オセチアとアブハジアという分裂した領域があり、これらはロシアと、数えられる程度の他の国々から承認されている。たとえばニカラグア、ベネズエラや、シリアである。ナゴルノ・カラバフも、アゼルバイジャンの中で民族的には圧倒的にアルメニア民族の領域であり、こちらも完全に未承認である。

一番最近では、ロシアはウクライナの二つの州が離脱する取り組みを支援した。ルガンスク人民共和国とドネツク人民共和国は、両方とも、二〇一四年に、圧倒的にロシア話者が多い同国〔ウクライナ〕東部で戦闘が勃発すると、それに続いて独立を宣言し、その後二〇二二年二月にロシアに承認された。いずれも、国際レベルでいかなる重要な支持も得ていない。確かに、ロシアがこれらを認めるという決定は、モスクワがウクライナへの侵攻を開始した直後に国連総会で正式に非難された。[2] 先に引用した四つの分裂領域と異なり、いずれも国家性のもっとも基本的な基準さえ満たしていない。それから、分離を試みた領域は他にも複数あるが、これ以降、親国家に再統合されてきた。最適な例はチェチェンであり、ロシア連邦からの分離を試みた（こうした事例のいくつかは本章の後半でまた議論する）。

これらのさまざまな領域が独立国家として認められてこなかったのはなぜかという理由は、再び、脱植民地化の原則であるウティ・ポシデティス・ユリスの適用まで遡る。ソ連が崩壊すると、国際社会は、ソ連内で独立前にもっとも高次の領域管轄圏のみを承認することを決定した。国際社会はそれゆえ、ソビエト連邦共和国の従来の境界線の正統性を受け入れた――それらの管轄圏内に住む異なる人びとの意思とは無関係に。より低次の秩序単位は、当該国の解体前にいた共和国内にとどまることが期待された。これらのいかなる領域も、独立することに対して親国家からの許可を得られなければ、あるいは得られるまで、国家性があると主張しても、総じて国際的な承認を獲得するようなことはほぼありそうにない。

ユーゴスラビアはどのように解体したのか？

おおよそ平和なプロセスであったソ連崩壊とは違って、ユーゴスラビアの解体は、第二次世界大戦終結以降もっとも深刻な武力紛争となった。しかし、ユーゴスラビアの解体も、分離独立や国家創設に関してすでに受け入れられた規範の多くを再確認することに寄与した。脱植民地化以降受け継がれてきたウティ・ポシデティス・ユリスも含む。

ユーゴスラビアは、セルビア人、クロアチア人、そしてスロベニア人の王国として第一次世界大戦終結時にはじめて出現した――セルビア、モンテネグロ、そして、かつてはオーストリア＝ハンガリー帝国の一部であったいくつかの領域からなる政治連合体であった。第二次世界大戦終了後、共産党の統治が確立され、この国は六つの共和国からなる連邦となった。ボスニア・ヘルツェゴビナ、クロアチア、マケドニア、モンテネグロ、セルビア、そしてスロベニアである。一九八〇年、この国の共産党指導者であったヨシップ・ブロズ・チトーの死後、政治的緊張が高まり、続く十年間、この国で分裂が始まった。

ユーゴスラビア連邦政府および国際社会の大部分からの強い反対でユーゴスラビアの領土保全への支持の声が上がったにもかかわらず、スロベニアとクロアチアは一九九一年六月二十五日に独立を宣言した。短期間の紛争の後、ユーゴスラビア連邦政府はスロベニアの独立を受け入れた。もう一方で、クロアチアの独立をめぐっては、同共和国内のセルビア人コミュニティが独立の受け入れを拒否したため大きな戦闘が勃発した。代わりに、クロアチア内のセルビア人たちは一方的に独立を宣言し、クライナ・セルビア人共和国（ＲＳＫ）を形成した。これは、ユーゴスラビアで最大かつ人口も最多の共和国であるセルビアに支持された、セルビアは以下の通り主張した。ユーゴスラビア憲法の下では、自決の権利は六つの共和国の手中にあるのではなく、ユーゴスラビアの六つの構成国民に委ねられている――ボスニアのムスリム（のちにボスニアック人として知られるようになる）、クロアチア人、マケドニア人、モンテネグロ人、セルビア人、そしてスロベニア人である。言い換えれば、セルビアは、他の共和国に住むセルビア人も構成国民メンバーとして自決権を有するはずだと主張したのである。

これらの出来事によって、国際社会は分裂した。ある国々は警戒するよう説き、またある国々、とりわけドイツは、スロベニアとクロアチアを承認する意思を固めた。問題となっている法的課題を明確にするため、ＥＵは、フランス憲法評議会の元議長ロベール・バダンテール率いる特別仲裁委員会を創設した。その第一の意見で、バダンテール委員会が決定したのは、六つの共和国のうち四つはもはや連邦を構成していないので、この問題は分離のような問題ではないということであった。そうではなく、ユーゴスラビアは解体の過程にあると主張した。親国家は存在しなくなり、複数の新国家に置き換えられるだろうということだった。第二の意見は、委員会は、脱植民地化からウティ・ポシデティス・ユリスを発動し、セルビア人コミュニティは独立した自決権を持たないと決定した。そうではなく、彼らにはただ少数派の権利が認められているだけだというものだった。これに続いて、第三意見が明確にしたのは、ユーゴスラビア内の各共和国の国内境界線が今度は新国家の国境線となるべきであり、合意によってのみ変更できるというものであった。一九九二年はじめ、ＥＵ加盟国はスロベニアとクロアチアの独立を承認した。それから数カ月後の一九九二年三月三日、ボスニア・ヘルツェゴビナも独立を宣言した。再び、セルビア人コミュニティは、スルプスカ共和国（ＲＳ）を形成し、自分たちも独立を宣言して対抗した。

スロベニア、クロアチア、そしてボスニアはすべて、一九九二年五月二十二日に国連に承認されたが、続く三年半の間、この地域では暴力が発生した。最終的に一九九五年に終わりを迎えた。クロアチアでは、政府軍が大規模な軍事攻撃を開始し、ＲＳＫを駆逐し、分離の試みを終焉させた。ボスニアでは、スレブレニツァの街でボスニアのセルビア人軍隊によって八千人のボスニアック人が殺害され、国際世論を惹起し、ＮＡＴＯの空爆活動を誘引し、最終的にはデイトン和平合意で署名がなされた。ボスニアのセルビア人コミュニティはボスニア国家に吸収された。広範な自治権は享受していたけれども。

一方、ユーゴスラビアの南部では、別の国家が生まれた。一九九一年九月八日、マケドニアが独立を宣言した。他の共和国とは異なり、マケドニアの独立は完全に平和的だった。しかし、完全に論争がなかったわけではない。マケドニアは、ギリシャからの強い反対に遭った。ギリシャは、この新しい国は、マケドニアの北部州について領土回復的な言いがかりをつけていると主張した。マケドニアは結局、一九九三年四月八日に国連への加盟を認められたが、憲法上の名前であるマケドニア共和国という名前ではなかった。そうではなく、州のような名称の下で認められたのである——その名はマケドニア旧ユーゴラビア共和国（ＦＹＲＯＭ）であった。この論争は、最終的に二〇一九年に解決された。同国がその名前を北マケドニアに変えたときである。

これらすべての結果、一九九〇年には一つの国であったものが九五年には五つの独立国家となった。ボスニア・ヘルツェゴビナ、クロアチア、マケドニア、スロベニア、そして旧ユーゴスラビア（ＦＲＹ）である。ＦＲＹは、モンテネグロとセルビアという、たった二つの原共和国から構成されていた。興味深いのは、だが、これらの国家のうち四カ国だけが国連加盟国だということだ。一九九二年、バダンテール委員会の結論に従って、国連安保理は、ＳＦＲＹは存在しなくなり、ＦＲＹが新国家として国連加盟申請を行わなければならないと決定した。[3] 何年間かそうすることを拒否した後、ＦＲＹは最終的に折れ、二〇〇〇年十一月一日に国連に加盟が認められた。重要なのは、ユーゴスラビア紛争は流血を伴う暴力的なものであったが、率直にいえば、一九四五年以後の脱植民地化以降に確立された分離独立と国家創設の重要な原則の多くを強化する役割を果たしたのである。

なぜチェコスロバキアは平和的に分かれたのか？

完全に平和裏に国が分かれることは傾向としては稀である。現代で一番注目すべき例外は、チェコスロバキアの解体である。ソ連とユーゴスラビアの解体と同時に発生した、チェコスロバキアの解体も、一党支配の多民族連邦から、自由な多党政治制度への移行の結果であった。しかし、他の事例と顕著に対照的なのは、チェコスロバキアの解体が、完全に同意に基づき、秩序を保って、そして暴力なく完結したことだ。

ユーゴスラビアのように、チェコスロバキアは一九一八年に創設された。その後十年の間に、チェコ人とスロバキア人という主要な二つの集団の間で政治的な、統治をめぐる緊張が続いた歴史があった。一九六八年に、同国は統一国家から二つの共和国からなる連邦へと移行したが、この変化がもたらした意義は非常に限られていた。ソ連とユーゴスラビアと同じように、真の政府は全体主義的な共産党の手中にあった。一九八九年に共産党支配が終わると、国家の基本的な立憲構造をめぐる違いが現れてきた。世論調査結果では、チェコ人の間でもスロバキア人の間でもチェコスロバキアの解体に対して一貫して反対であることが示されたが、一九九二年六月の議会選挙で、チェコ人の投票者たちは連邦による統治を支持する政党を応援し、スロバキア人は連合制度を望む政党を支持した（連邦以上だが二つの独立国家未満と漠然と定義される）。こうした状況において、いかなる連邦政府もつくれなかった。膠着状態が続くことを懸念し、選挙に勝った政治エリートたちは国家の分裂を問う住民投票を拒否した。それよりも、彼らが選んだのは連邦議会を憲法上解体するという法的行為であった。最終的に、二つの共和国で勝利した政党は、連邦を終了させ、両共和国の独立まで円滑な移行を促進する暫定連邦政府を設立することに合意した。両共和国で多くの人びとは後悔したが、住民投票の拒否もチェコスロバキアそのものの終焉も、住民からの大規模で活発な反発は受けなかった。一九九二年の終わりまでに、チェコ共和国とスロバキア共和国は自分たちの将来的な関係性を規定する複数の条約の交渉をし、二つの国は一九九三年一月一日に独立した。両国とも諸外国から即承認を受け、両国とも一九九三年一月十九日に国連に加盟した。

ドイツやイエメンをつくった合併はどのように起こったのか？

わたしたちは冷戦の終結を、ソ連やユーゴスラビアのような国々の崩壊や解体と結びつけがちだが、ベルリンの壁崩壊の最初の帰結は、実は、複数国家の合併であった。第一に、東ドイツと西ドイツの再統合があった。その後、北イエメンと南イエメンの統合が続いた。とはいえ、これらの事例は似ているようにみえても、実は重要な点で異なっている。かつてのベトナムや今日の韓国のように、ドイツは分断された国家だった。東と西への断絶は一時的なものと理解された。イエメンは、その一方で、二つの主権国家が純粋な意味で合併したものである。

第二次世界大戦後、連合国はドイツを複数の支配区域に分割した。同国の西側には、アメリカ、フランス、そしてイギリスが支配する地域があった。東はソ連が支配した。一九四九年五月二十三日、西側にある三区域は、正式にドイツ連邦共和国（FRG、西ドイツ）となった。数カ月後の一九四九年十月七日、ソ連の支配区域はドイツ民主共和国（GDR、東ドイツ）となった。西ドイツは、一九五五年に国連のオブザーバーの地位を認められていたが、はじめから東ドイツの独立を認めないとし、ドイツの全領土に対して主権を有すると主張していた。一九七〇年代初頭までに、二つの地域の関係性は改善した。西ドイツは東ドイツを独立国家として受け入れることはまだ拒否していたが、関係性を正常化することには合意した。一九七二年、正式な関係が確立され、東ドイツは国連のオブザーバーとなった。一九七三年九月十八日、両ドイツとも国連の完全な加盟国として認められた。(4) 一九八九年、東ドイツの共産主義政府が倒れると、民主的な選挙と国の再統合に向けた交渉への道が開けた。一九九〇年十月三日、GDRは存在しなくなった。東ドイツの諸州は正式にFRGに組み込まれ、FRGは引き続き国際的に承認を受け、国連で議席を持っている。

統一の前に、北イエメンと南イエメンには、大きく異なる歴史があった。オスマン帝国の一部であった北イエメンは、一九一八年に独立を獲得した。反対に、アデンとして知られるイギリスの植民地であった南イエメンが独立したのは一九六七年になってからであった。二年後の一九六九年、南イエメンは共産主義支配に陥った。共産党支配は一九八〇年代まで続き、内戦と冷戦終結の結果、この二つの地域は、それまでもおおよそ良好な関係を維持していたが、統一することに合意した。一九九〇年五月二十二日、イエメン・アラブ共和国（北イエメン）とイエメン社会主義人民共和国（南イエメン）は存在しなくなり、完全に新しい国家である、イエメン共和国が創設された。しかし、新国家の二つの地域の関係はすぐに悪化した。一九九四年、内戦が勃発し、南イエメンは一方的に独立を宣言した。国際社会はこれを承認することはなく、政府はすぐに自分たちに権威があると念押しした。にもかかわらず、南イエメンでは分離の雰囲気が強いままで、活発な独立運動が存在している――南部運動である。二〇一五年、イエメンは再び内戦に陥った。独立の問題に直接関係しているわけではないが、南イエメンの多くの人びとは、この紛争がまた新たに国家性を獲得する道を開くことを望んでいる。

ソマリランドはなぜ承認されないのか？

ある領域が一方的に分離し、それから国際的な承認を得ることがどうやっても難しいことを示す例として、ソマリランドよりも適した事例はおそらくないだろう。イギリス領ソマリランド――さらに南のイタリア領ソマリランドと区別された――として十九世紀後半に設立され、一九六〇年六月二十六日、当時起こっていた脱植民地化というより大きなプロセスの一部として、ソマリランド共和国は独立を獲得した。すぐさま、イギリスを含む三十以上の国々に承認され、同共和国はたった数日間存在した。七月一日、イタリア領ソマリランドの独立に続いて、この二国は自発的に統合しソマリ共和国となった。しかし、この統合はすぐにまずいものとなった。次の年、新憲法がソマリランドを、現在はソマリア連邦共和国として知られるソマリ共和国の自治州に格下げした。統合国創設を告げた歓喜は落胆に代わり、その後数十年にわたって、当該地域はさらに脇に追いやられていった。国の南部と決別すると、ソマリランドはその機会を摑み、分離して国家性を主張した。一九九一年五月十八日、ソマリランドは一方的に独立を宣言した。

多くの研究者にしてみれば、ソマリランドは独立と承認を得るに値する条件を備えているようにみえる。すでにかつて主権国家であったことがあり、多くの国々に承認されていた——ところが、第一章で論じた通り、この点は分離独立を正当化する理由としては受け入れられない。ソマリランドは、モンテヴィデオ基準も満たしている。国境線は画定しており、定住人口も実効的な政府もある——ソマリアよりもはるかに実効的である。国際的なつながりも確立してきた。アメリカとイギリス、それから他のヨーロッパやアフリカ諸国に代表事務所もある。相当程度の国際的な正統化も享受している。役人たちは頻繁に諸外国を訪問し、他国の政治的に重要な人物たちと会っている。さらに、二〇〇五年には、ＡＵの事実調査ミッションが、ソマリランドは特別事例にあたり承認がなされるべきであるとさえ述べた。しかしながら、この事例には疑いの余地がないほどの多くの同情の声がある一方で、もっとも近隣の同盟諸国からでさえ、ソマリランドの国家性に関して、正式な受け入れには至っていない。

繰り返すが、以上すべてが強調するのは、親国家の意思に反した分離独立行為の場合、各国がいかに承認に後ろ向きであるかということであり——分離独立をすることについて妥当な理由が沢山あるようでも〔変わらない〕ということである。

エリトリアや南スーダンはどのように独立したのか?

国際社会が分離独立に反対してきたことが意味するのは、一九六〇年以降のほとんどの分離独立運動は、失敗したか、未承認の事実上の国家の誕生につながったかのいずれかだということである。とはいえ、ときどき、分離独立運動が成功することもある。バングラデシュの〔独立の〕後では、おそらく最適な例はエリトリアと南スーダンである。決定的な違いは、バングラデシュは親国家からの独立を得る前に広範な承認を獲得していたが、これらの二国——特にソマリランドと同列で考えたときに——で特筆すべきは、植民地時代後の世界の分離独立と承認は、いまだに親国家の同意に大きく依ったままであるということである。

東アフリカにあるエリトリアは、一八八九年にイタリアに占領され植民地化された。一九四一年、第二次世界大戦中に、イギリスがこの領域を奪取した。一九五〇年十一月、国連総会は委員会を設置し、〔当該領域の〕人びとが自分たちの将来について希望することを特定する任務を与えた。この委員会の調査結果——隣接するエチオピアによる領域支配や海へのアクセスの必要性の歴史的主張を承認することを含む——に基づき、委員会は、エリトリアはエチオピアで自治を与えられた連邦単位となるべきであると勧告を出した。(5) 一九五二年九月十五日、エリトリア・エチオピア連邦が創設された。多くのエリトリア人の望みは自分たちの独立国家を持つことであったにもかかわらず。一九六一年九月、武装蜂起が始まった。一年後、エチオピアはエリトリアの自治権を取り消した。

続く三十年間、エリトリア人民解放戦線（ＥＰＬＦ）と、ソ連から支援を受けたエチオピアは、血の流れる紛争を戦った。しかし、冷戦終結に伴ってソ連の支援が停止し、今やエチオピアの多くの反乱軍と同盟関係になったＥＰＬＦとその同盟関係者たちは一九九一年五月、アディスアベバに侵攻し、エチオピア政府を陥落させた。エチオピアの新政権は、今度はエリトリア人たちが独立を問う投票をする権利があることを認めた、一九九三年四月、住民投票の結果、〔有権者の〕九十九・八％が国家性を認めるべきことを支持した。一九九三年五月二十八日、エリトリアは百八十二番目の国として国連に加盟した。

スーダンは、十九世紀にオスマン帝国領エジプトに支配され、その後イギリスの植民地支配の下にあった。ところが、国内では常に、北部と南部の間で、民族的、宗教的な激しい対立があった。一九五六年、スーダンが独立を与えられたとき、南部は自治を要求した。一九七二年には南部スーダン自治地域が創設されたが、その十年後、スーダン政府は自治制度を取り消し、国全体にシャリーア法を適用した。このことによって、スーダン人民解放軍（ＳＰＬＡ）がつくられた。何年もの激しい戦闘の後、当事者は二〇〇五年に和平合意に署名した。スーダンの二つの部分――長い間事実上の国家状態にあった南スーダンを含む――は、権力分有について合意し、重要な鉱物資源の共有に関しても合意に至った。一方、スーダン国軍は当該地域から撤退することとなった。もっとも重要だったのは、当該領域の将来を問う住民投票が六年後に実施されることが合意されたことである。二〇一一年一月九―十五日にかけて住民投票は行われた。国家性への支持は圧倒的だった（九十八・三％）。五カ月後の七月十四日、南スーダンは正式に独立国家となった〔南スーダンは七月九日に独立し、七月十四日に国連総会で国連加盟が認められた〕。一週間後、南スーダンは国連の百九十三番目の加盟国となった。とはいえ、それ以降、南スーダンは紛争状態にあり、ますます失敗国家ではないかとみられるようになっている。

一九九〇年以降、軍事力によって抑え込まれた分離運動はあったか？

あった。きっちりと数字で示すのは難しいが。繰り返しになるが、これは何を分離独立運動とみなすかによる。とはいえ、冷戦終結以降、複数の見過ごせない独立の挑戦が、軍事力によって抑え込まれてきた。もっともよく知られた事例を三つ挙げるならば、おそらく、ロシアによるチェチェン支配の再獲得努力、クロアチアの軍事活動がＲＳＫ〔クライナ・セルビア人共和国、一九九一―一九九五年にクロアチア領土内で独立を宣言していた事実上の国家〕に侵攻したこと、そしてスリランカがタミルの虎〔タミル・イーラム解放の虎（ＬＴＴＥ）〕を倒したことである。

ボスニアのセルビア人による分離独立の試みは、最終的にはスルプスカ共和国がボスニアという国家に統合されたときに解決したが、ユーゴスラビアの他の地域では別の独立の動きが軍事力によって抑え込まれた。クロアチアがユーゴスラビアから分裂しようとすると、同国で人口の十から十五％を構成するセルビア人コミュニティがクロアチアから独立して、ユーゴスラビアの残った部分にとどまろうとした。一九九一年十二月十九日、彼らは自分たちの国家であるＲＳＫ〔の独立〕を宣言した。クロアチア軍は応戦しようとしたが、ユーゴスラビア軍の支援を受け、しっかりと武装したセルビア人たちは抵抗した。一九九二年一月、国連の監視を受けて停戦に入った。そのときまでに、同国の四分の一ほどは中央政府の支配が及ばなくなっていた。もっと重要なのは、RSKの拠点は、同国の中心にあり、これはつまりクロアチアが事実上二つに分けられていたということだ。一九九四年末には、国際社会がこの紛争解決のための主要な活動を開始した。これが失敗すると、クロアチア政府は力によって当該領域を取り戻す準備を始めた。一九九五年八月四日、クロアチアは嵐作戦を決行した。三日も経たないうちに、クロアチア軍はRSKに侵攻し、約二十万人のセルビア人たちを外に追いやった。今日、セルビア人は人口の五%にも満たない。

現代でもっとも暴力的な分離独立運動の一つはロシア南部の比較的小さな地域で戦われたものである。大きさ約六千九百平方マイル(一万七千二百平方キロメートル)で、百五十万人未満の居住者たちからなる、北コーカサス地域にあるチェチェンは、十八世紀末にロシア帝国によって最初に併合された。二十世紀初頭には短期間、独立を享受したが、一九二一年にはソビエトの支配下に入れられた。ソ連が崩壊すると、チェチェンは決別する機会を得た。一九九一年には一方的に独立を宣言し、チェチェン・イチケリア共和国を創設した。同国はソビエトの連邦共和国の一つではなかったため、国家性を求める資格があるとは考えられなかった。活発なロビー活動も空しく、同国を承認した国は一つもなかった。当初、モスクワは、この分離の試みに、どちらかといえばほとんど注意を払っていなかった。ところが、時間が経つにつれて、これは他の分離を目指す地域にとってのモデルになり得るという懸念が大きくなった。一九九四年、ロシア軍は軍事力に訴えた。続く激しい戦闘において、〔チェチェン・イチケリア共和国の〕首都グロズヌイはほぼすべて破壊された。しかし、ロシアは、この山岳地帯の支配を取り戻したとはいえなかった。一九九六年に停戦に至り、ロシア軍は撤退した。とはいえ、その後も分離独立活動が続き、ロシアは一九九九年に改めて軍事作戦を開始した。今度は反乱勢力を制圧した。軍事力だけでは支配を維持できないであろうという認識の下、ロシアはチェチェンに大きな自治を与えた。二者の間で推定値は大きく異なるが、この二つの戦争で約十万人が死亡したとみられる。

主な例の三つ目は、インド南部の沖合の島国スリランカで起こった。以前はイギリスの植民地で、一九四八年の独立後、同国の二つの主要な民族的・宗教的コミュニティ――人口の約七十％を占める多数派の仏教徒シンハラ人と、同国の居住者の十％以下であるほとんどがヒンドゥー教徒のタミル人――の間で緊張が高まった（同国には有力なムスリムとキリスト教マイノリティ〔グループ〕もいる）。一九七〇年代までに、タミル人のシンハラ人支配に対する戦いが続くと、スリランカはますます暴力で荒廃していった。一九七六年に、タミル人戦闘員はタミル・イーラム解放の虎（ＬＴＴＥ）、より一般的に知られている名前はタミルの虎を結成した。その目的は、スリランカの北部先端地域にタミル人の祖国を創設することであった。その後数年間で、ＬＴＴＥはスリランカの東部と北部の大部分を支配下に入れることに成功し、ますます暴力的な内戦に陥っていった。一方、紛争の平和的解決に導く試みは何度も失敗した。二〇〇九年、スリランカ軍はＬＴＴＥを打倒し、北部を取り返した。とはいえ、費用は高くついた。国連の推定では、この紛争中に、八万から十万人が死亡した。

興味深い点として補足しておきたいのは、これら三つの事例すべてにおいて、事後、政府と軍隊の行動の仕方について、戦争犯罪や人道に対する罪だといった非難も含めて、広く国際的な批判が生じた点である。クロアチア人の政府関係者の中には、彼らが取った行動について裁判にかけられた者さえいる。とはいえ、これらすべての事例において、親国家が自らの領域を取り返すという基本的な権利は、国際社会から実質的には挑戦を受けなかった。

その他のどの分離事例が力で抑え込まれ得るか?

この先、さらに多くの分離独立の試みが軍事力に抑え込まれるのを、わたしたちは目の当たりにするだろう。現在進行形の事例のリストの上の方にあるのが、ナゴルノ・カラバフ、コーカサスの事実上の国家だ。民族的にはアルメニア人居住者が多数を占めており、アゼルバイジャン・ソビエト社会主義共和国の自治州(oblast)であった。ところが、一九八八年、ナゴルノ・カラバフは、投票を実施し、アルメニアと統合することとなった――この決定は、アルメニア・ソビエト最高会議に支持された。一九九二年、ソ連崩壊に伴い、ナゴルノ・カラバフ共和国(NKR)が一方的に独立を宣言した。アゼルバイジャンは、同州の広範囲の地域をどうにか取り戻したが、翌年、停戦に至る前、アルメニアとナゴルノ・カラバフの軍が、この土地と、アゼルバイジャン領域の広域を奪取した。二〇〇七年、アルメニアとアゼルバイジャンは、紛争解決を管理する国連の基本原則に合意した、と報じられた。この基本原則には、ナゴルノ・カラバフを囲む領域をアゼルバイジャン管理下に戻すこと、アルメニアとナゴルノ・カラバフをつなぐ回廊を創設すること、そして「法的拘束力のある意思表明をつうじてナゴルノ・カラバフの最終的な法的地位について将来的に決定すること」[6]が含まれた。今日まで、NKRを承認した国家はなく、国連安保理決議も国連総会決議も明確にアゼルバイジャンの領土保全を認めたまま採決されている。[7] 和平交渉が断続的に行われたが、アゼルバイジャンが軍事力でナゴルノ・カラバフを取り返そうと準備しているかもしれないという懸念が広まった。アゼルバイジャンは石油取引の歳入を使って武器を購入していた。確かに、数年の間に、アゼルバイジャンの防衛支出は、アルメニアの国家予算全体よりも大きくなっていた。二〇一六年と二〇二〇年夏には、緊張が高まり、何度も、停戦ラインで大きな衝突が発生するなど軍事的な争いあった。

一九九〇年代はじめ以降、もっとも深刻な軍事活動が起こったのは、二〇二〇年の秋、アゼルバイジャンがナゴルノ・カラバフ周辺のすべてのアルメニア人占領地域と、ナゴルノ・カラバフの領域の一部も取り返したときである。その直後にロシアの平和維持部隊が来て、大きな戦闘の再発が起きないようにしたが、ロシア部隊が将来的に撤退すると（同部隊は五年間とどまる予定であり、紛争当事者のいずれかがそのときが来たらロシア部隊の撤退を要請する選択肢を持つ）、アゼルバイジャンが再びこの領域全土の支配を取り戻そうと活動を再開しかねない〔二〇二三年九月、アゼルバイジャンが軍事行動を起こし、二〇二四年一月一日、事実上の国家「ナゴルノ・カラバフ共和国」は消滅した〕。

独立はしないが平和裏に解決された分離問題はあるか？

ある。最近の分離運動の多くは軍事力によって抑え込まれてきたが、ときどき、分離を求める紛争が平和的な交渉プロセスによって解決されることもある。最近、もっとも成功したこのような例の一つは、アチェとインドネシアの間での二〇〇五年の合意である。

インドネシアの諸島群の北西の端に位置する、エネルギー資源が豊富なアチェ州は、約四百万人が住む場所である。インドネシアの他の地域とは異なると自分たち自身が常に考えてきたところがあり、なかでもとりわけ、国の他の地域よりも保守的なイスラム信者が多かったため、一九六〇年代に不満が増幅し始めた。一九七六年十二月、自由アチェ運動（GAM）が武装蜂起を開始し、インドネシアの支配を終え、独立国家を打ち立てようとした。インドネシアは対反乱活動で応戦した。

〔インドネシアは〕GAMに対して大きな勝利を収め、十年間が経過するまでに、分離独立の試みは終わったようにみえた。しかし、一九八〇年代の終わりに、GAMは再び姿を現し戦闘を再開した。二十年の紛争の後、一九九九年、二者の間で最初の和平交渉の仲介がなされた。この和平交渉は二〇〇三年まで続いたが、交渉は失敗し、インドネシア政府が反乱を終えるために掃討作戦を開始した。最終的にはしかし、紛争終結に決定的役割を果たしたのは自然災害だった。二〇〇四年十二月二十六日、アチェの沿岸近くで大規模な地震が発生し、続いて破壊的な津波が襲った。こうした状況において、独立を求める武力による追撃は続けられるものではなかった。新たな和平のイニシアチブが、元フィンランド大統領のマルッティ・アハティサーリの仲介の下で開始された。八カ月後の二〇〇五年八月十五日、インドネシア政府とGAMは和平合意に署名し、アチェがインドネシアにとどまることで紛争は終結を迎えた。(8)

モンテネグロは国連に加盟したのにコソボは加盟していないのはなぜか？

親国家の意に反して独立を模索する領域が直面する困難な立場についてよく分かる例の一つは、モンテネグロとコソボの事例を比較することでみえてくる。既述の通り、一九九五年末までに、ユーゴスラビアの崩壊によって五つの新国家が誕生することになった。しかし、さらに二つの国が続こうとしていた。モンテネグロとコソボである。にもかかわらず、モンテネグロは国際社会からすぐに承認を得たのに対し、コソボは完全な国際的な承認を受けるためにいまだに奮闘している。

前述の通り、モンテネグロはSFRYを構成していた六つの共和国の一つであった。ところが、他の共和国と異なり、モンテネグロは、連邦が崩壊する際に、セルビアと一緒のままでいることを決めたのである。これは、伝統的に、セルビアとモンテネグロが非常に緊密な関係を享受していたという事実に依るところが大きい。多くのモンテネグロ人は自分はセルビア人であると認識しているし、多くのセルビア人にはモンテネグロ人の祖先がいる。しかし、一九九〇年代の紛争中、この二つの共和国は緊張関係に陥り、一九九〇年代終わりまでに、モンテネグロも独立を強く求め始めた。

この地域のさらなる分断を防ぐために、EUが仲介し、この二つの国家が緩い政治的な措置の中で統合を維持する合意を目指した。二〇〇三年二月四日、ユーゴスラビア連邦共和国は存在しなくなり、セルビア・モンテネグロ国家連合に置き換えられた。とはいえ、国家連合を形成する憲章[9]の下で、三年後にこの二つの領域は解体する機会を有することが合意されていた。この日が近づくと、モンテネグロは、独立を問う住民投票を実施するつもりであると発表した。二〇〇六年五月二十一日、五十五・五％の有権者が分離を選んだ。二週間後の六月四日、モンテネグロ議会は公式に独立を宣言した。セルビアがこのプロセスを受け入れたため、モンテネグロは国際社会からすぐさま承認された。二〇〇六年六月二十八日、モンテネグロは百九十二番目の国連加盟国となった。一方、六月三日、セルビア共和国は国連事務総長に対して、セルビアは国家連合が有していた国連加盟国の地位を継承する旨伝達した。

モンテネグロとは対照的に、コソボはユーゴスラビアの中で共和国になったことはなかった。というよりも、コソボはセルビアの自治州であった——諸共和国とともにユーゴスラビア連邦執行議会で一議席持っていたが。一九八九年、自治は廃止された。ユーゴスラビアが崩壊すると、同州の多数派民族アルバニア人が国家性を問う非公式の住民投票を組織し、一九九一年九月二十二日に一方的に独立を宣言した。しかし、これを承認したのは隣国アルバニアだけだった。国際社会はこれを承認することを拒否した。ユーゴスラビアの解体を調査するために設置されたバダンテール委員会の下で、セルビアの準国家単位であるコソボは、六つの共和国とともに独立する権利を有しているとはみなされなかった。

一九九〇年代半ば、セルビアの支配に対して武装蜂起が開始され、一九九九年までには同州は内戦寸前の状態となった。和平プロセスが失敗すると、NATOはセルビアに軍事活動を始め、その結果、七十八日間の空爆の後、セルビア政府は和平を訴えた。国連安保理決議第一二四四号の下、ユーゴスラビアのコソボでの主権が再確認された。しかし、同州は国連の管理下に置かれ、最終的な地位は未決のままであった。二〇〇六年、国連の仲介の下で交渉プロセスが始まった（興味深いことに、このプロセスもまた、先の問いで論じたアチェの紛争を解決したばかりのマルッティ・アハティサーリが主導した）。セルビアは広範な自治を与えるつもりであったが、コソボのアルバニア人は独立を求めた。一方、安保理で合意に至る希望も妨害された。ロシアは、セルビアを支援しており、相互に合意可能な解決策だけを受け入れられると主張した。対照的に、アメリカ、イギリス、フランスは、コソボに独立を与えられなければ、地域の不安定化をもたらすと懸念した。合意に至れる見込みがないまま、二〇〇八年二月十七日、コソボは一方的に独立を宣言した。

独立を宣言するという決定は国際社会に深い分断をもたらした。一方の国家群――たとえばロシアと中国、それから地域的に力のある、たとえばインド、ブラジル、南アフリカ――は、それ〔コソボの一方的独立宣言〕は、セルビアの同意を得ていない、認定されていない分離行為であって、承認されるべきでないという見方をとった。もう一方では、アメリカと多くの西側諸国――たとえばイギリス、フランス、およびドイツ――は、コソボは、セルビアにより人権侵害が行われた歴史を持ち、国連の管理下に置かれた時期があり、そしてコソボはユーゴスラビアで特別な地位にあったこともあるため、国際社会において特別な事例（sui generis）であると主張した。コソボは共和国ではなかったが、共和国と同等に多くの権利を享受した。そのため、西側諸国は、コソボの独立は、一方的分離の通常の事例とはみなすべきではないという立場をとった。今日でさえ、本件について国際社会の意見は見事に真っ二つに分かれたままである。二〇二一年後半の時点で、国連加盟国百九十三カ国中九十八カ国がコソボを独立国家と認めているが、九十五カ国が認めていない（この数字はかつてはより多く、あるとき百十三まで達したが、セルビアが約十五カ国を何とか説得し、承認を撤回させた）。ただし、国連加盟や、それに伴う国際社会からの完全な受け入れを獲得する見通しは暗い。国連加盟に対して拒否権を持つロシアも中国も、コソボに関して立場を変える意思をまったく見せていない。

モンテネグロとコソボの違いは、国際政治における分離独立に関して、有益な論点を提示する。最終的に、決定的な違いというのは、人口的にはコソボよりもはるかに小さいが、モンテネグロは共和国であったのであり、それゆえバダンテール委員会の下で独立する権利を認められたが、コソボは、多くの点で共和国と同じ権利を享受していたものの、公式的にはセルビアの一つの州と分類され、国家性に対する権利を持っていなかった。この決定的な憲法上のかつ理論上の違いは、ユーゴスラビアにおいて現実に即すると非常に小さいが、国際社会においてこの二つがどう扱われるに至ったかという意味で大きな違いをもたらした。モンテネグロの独立はユーゴスラビアの解体の産物とみなされたが、コソボの独立は一方的分離の事例とみなされるようになったのである。

国際刑事裁判所はコソボの一方的独立宣言について何といったのか？

コソボの分離独立に関してもっとも興味深い一面は、国連総会が行った決定であり、セルビアのイニシアチブによって、国際刑事裁判所に対して、コソボの独立宣言は国際法に従っているかについて、勧告的意見を求めたものである。これは、国際法に関する問題について世界で最高権威を有する国際刑事裁判所にそれまで付せられた中で、分離独立の問題に関してもっとも重要な案件となった。それどころか、同裁判所史上、安保理の常任理事国全五カ国も手続きに参加した唯一の事例である。

二〇一〇年七月、同裁判所は意見を出した。その歴史に残る決定において、国際刑事裁判所は、安保理決議などによって特別に禁止されている場合を除いて、一般国際法は一方的独立宣言にいかなる禁止事項も含んでいないと述べた。さらに、コソボの事例における特別な条件を考慮し、国際刑事裁判所は、コソボの独立宣言が国際法違反であると主張する理由はないと裁定した。実質的には、国際刑事裁判所は独立宣言は単なる声明とみなすべきであると主張したのである。誰しも独立を宣言できる。実際には、その独立宣言が承認され受け入れられるのかどうかというのが本当に問題となるところである。重要だが、そして多くの人が考えるであろうこととは異なって、国際刑事裁判所は、この決定はコソボが国家かどうかについていかなる立場もとるものではないと頑なな態度をとった。国際刑事裁判所は、コソボを承認した国が、国連憲章が国連加盟国に求める相互の領域保全の尊重を侵害したかどうかも検討しなかった。同裁判所が述べた通り、国際刑事裁判所はこうした問題を議論するよう問われていなかったのであり、それゆえあえてそうすることを避けたのである。(10)

アブハジアと南オセチアはより広い承認を受けるだろうか?

コソボの独立宣言のたった数カ月後、相当な論争を起こし相互に関係する分離独立の事例であるさらに別の一組に、国際社会の注目は集まった。アブハジアと南オセチアである。

ソビエト時代、両方ともジョージアの一部であったが、ソ連崩壊後にいずれも独立を宣言した。二〇〇〇年代半ばまでは積極的に支援していたモスクワであるが、にもかかわらず、両者への正式な承認を撤回した。この変化はコソボの独立宣言の後に起こった。西側のダブルスタンダードと感じるものに悩まされたと、モスクワは立場を変えたのである。南オセチアとジョージアの境界線上で緊張が高まり、二〇〇八年八月七日、ロシアとジョージアの間で戦争が勃発した。三週間後、ジョージアを打ち負かすと、モスクワは、この二つの領域を独立国家として認めると宣言した。アメリカ、イギリス、フランスを含む多くの国から、この決定に対して強い非難があったが、ロシアが安保理で有する立場からして、その決定を非難する国連決議を採択することは不可能であった。一方、モスクワは承認を求めて他国に働きかけた。数週間以内に、ベネズエラとニカラグアや、太平洋諸島であるナウル、ツバル、バヌアツも皆、アブハジアと南オセチアを承認したと発表した。それから、二〇一八年、シリアにも承認された。とはいえ、他の国連加盟国は続いていない。ロシアのもっとも近しい同盟諸国、たとえばベラルーシでさえ、これらへの承認を拒否した。

現状では、いずれかの領域がより広範な承認を得られるだろうという見込みは限りなく低い。第一に、南オセチアが存続し得る国家であると信じる国はほとんどない。そのため、南オセチアの未来は、ジョージアに合意の上で再統合されるか、よりあり得るのは、ロシアに併合されることであると考えられる。クリミア〔併合〕の後、この見通しは、かつてよりそれほど飛躍した議論とはみられなくなった。他方、アブハジアは一般的には事実上の国家として受け入れられている。アブハジアも、おそらくは、相当程度に高い自治を認められながらジョージアに再統合されるか、ロシアに併合されるかもしれないが、それでも自分たちの土地を確保することができ、いつか独立国として受け入れられるかもしれない。とはいえ、これは予見できる未来には起こりそうもない。ジョージア政府は両領域への主権を主張し続けており、アメリカとＥＵがジョージア政府を支持している。

クリミアがロシアに併合される前に独立を宣言したのはなぜか？

近年でもっとも例外的な分離行為の一つであったのは、短命であったクリミア共和国による独立宣言であり、ロシアに併合されるたった二日前に行われた。別の国家にもうすぐ獲得されそうな領域が独立を宣言するのはおかしなことのように思えるが、実際には国際法の文脈でこの決定は簡単に説明がつくもので、うわべの合法性を付加しようとするものであって、そうでなければこの行為は国連加盟国の領域保全の侵害となる。

歴史的に、クリミア半島はロシアの一部であった。しかし、一九五四年にウクライナに移された。重要だが、ソ連が解体したとき、ロシアはウクライナに対して自分たちの自治領域に主権を認めたのである。とはいえ、ロシアが言い張ったのは、ウクライナは、〔クリミア〕半島におけるロシア黒海艦隊の継続的な駐留を認める占有許可にサインすべきということだ。二〇一四年二月、ウクライナにおいて親ロシア政権が倒れると、モスクワはクリミアに軍隊を送り、傀儡政権を打ち立てた。三月六日、クリミア議会は、廃れた立憲構造の下でもウクライナの一部にとどまるか、ロシアと統合するかを問う住民投票を実施しようとした。国際社会からの強い非難にもかかわらず、投票は十日後に実施され、九十七%がロシアとの統合に票を投じた。次の日、クリミア議会は公式に独立を宣言し、ロシア連邦に参加する要請を発出した。ロシアはすぐさまクリミア共和国を独立国家と認めた。ロシア議会は、たった数日後に、クリミア共和国の継承条約を批准した。

この〔クリミア共和国の〕一方的独立宣言は、明らかに主権国家を創設することを目的としていなかった。これは単に、ロシアが〔クリミア〕半島を吸収する促進装置でしかなかった。クリミアがまだウクライナの一部であったなら、直接的な合併はウクライナの領域保全に対する明らかな侵害であるとして、こうしたことは起こり得なかっただろう。しかし、クリミアが独立を宣言し、これがロシアに承認されると、クリミアによるロシアとの統合は、主権国家による自決権の行使であるという物語がつくり上げられる。ロシアは安保理の常任理事国であるため、クリミアによる独立宣言あるいはロシアによる〔クリミア〕半島の強制的併合のいずれかを非難する決議を採択することは不可能だった。

ただし、国連総会はウクライナの主権と領域保全を再確認し、諸国家や国際機構に対し、クリミアの地位を変えるようないかなる主張も認めないよう求めた。(11)

カナダとイギリスは分離独立の民主的モデルをつくったか?

ほぼすべての国家は分離独立には積極的に、しばしば暴力的に反対するが、自国の領域の一部が独立を獲得する道を開いた、珍しい国家の例もあった。カナダとイギリスは両方とも、同意に基づく、平和的な方法で、分離独立問題を扱おうとしてきた。それぞれの方法で、両国とも、いかに合法的かつ民主的な分離独立のプロセスがつくられ得るかを明らかにしようとしてきた。とはいえ、これも予想がつくだろうが、たとえ国家がある時点で分離独立を認める意思があっても、後になってもこの考え方に前向きであるという保証はない。

一七六三年、ケベックはフランスによってイギリスに譲渡された。イギリス領として、それからカナダの州として、ケベックはフランス語圏のアイデンティティを維持していた。一九七七年、同州は、行政機関を選出し、主権のあるまとまりを誓い、多くの点でケベックが独立したように見えるようにしようとした。通貨など特定の機能はカナダと共有しつつも。この計画は、一九八〇年五月の住民投票で否決された(五十九・六%対四〇・五%)が、変えようという声は続いた。一九九五年、別の投票が実施され、今度は完全な独立が問われた。完全な独立案も僅差で負けた——五十・六%対四十九・二%だった。これに続いて、カナダ政府は同国の最高裁判所に対して、ケベックは一方的に分離独立できる可能性があるかどうか意見を尋ねた。政府は三つの問いを立てた。カナダ憲法は、ケベックの政治機構に対して一方的な分離行為を追求する法的資格を与えたか？　国際法はこうした機構に対して一方的な分離独立の権利を与えたか？　そして最後に、カナダの法律と国際法の間で齟齬が生じる場合には、いずれが優先されるのか？　回答において、裁判所は、カナダの法律の下でも国際法の下でも一方的分離独立の権利はなく、それゆえ、二つの法の間に齟齬はないと述べた。しかし、ケベックがはっきりと分離独立に票を投じれば、カナダは分離について交渉すべきである。[12]　この回答に基づき、カナダ議会は二〇〇〇年六月にクラリティ法を通過させた。[13]　この法律は、分離独立を扱う方法を規定した。第一に、いかなる住民投票で問われることも明確でなければならない。第二に、国家性をめぐる投票を実施する際には、それに続く交渉で、カナダ国内のすべての州および同国の先住民たちも含めなければならない。第三に、いかなる分離独立行為もカナダ憲法の修正を必要とする——これにより一方的分離独立の可能性を低くする。重要なのはしかし、最高裁判所の裁定も、続くクラリティ法も、ケベック政府は受け入れていないことである。それゆえ、カナダは、分離独立の可能性は受け入れながらも、それを実行するための合意された手続きはない、という国であり続けている。

何世紀にもわたって、スコットランドは独立の王国として存続していた。ところが、一七〇七年、それぞれの議会の決定により、スコットランドとイングランドは単一国家として正式に統合された。二〇一一年、スコットランド国民党（SNP）がスコットランド〔議会選挙〕で政権与党に選ばれた。SNPが独立のための住民投票に向けて公然と運動を始めると、イギリス政府は国家性を問う住民投票の実施を認めるほかなかった。二〇一二年十月十五日、イギリス政府とスコットランド政府は投票の条件について合意した。明確な法的基盤がなければならないこと、スコットランド議会によって法律が制定されていなければならないこと、議会、政府、および人びとから信頼を集めるやり方で実施されなければならないこと、そして公正な実施とスコットランドの人びとの見解がはっきりと表明されること、皆が尊重する結果が伝えられなければならないことである。[14] 約二年後の二〇一四年九月十八日、スコットランドで投票が行われ五十五%対四十五%で独立が拒否された。イギリス政府はそのとき、投票によってこの問題は予見できる将来にわたって落ち着いたと主張したが、SNPは、状況に大きな変化が生じれば、また投票の機会を設けることは可能だと主張した。イギリスがEUから離脱するという決定は、スコットランドの投票者たちには拒否されたが、スコットランドに〔分離独立に関する〕投票を認めるべき根拠〔つまり状況の変化〕だと大勢が考えた。二〇一七年三月、スコットランド議会は再び住民投票に議論の道を広く決議案を可決した。[15] しかし、以前とった立場とは対照的に、イギリス政府は今度は独立に関する新たな住民投票に反対する側に立った。住民投票は「一世代に一度」の投票であると決められているとして、イギリス政府にはEU離脱後に安定が必要である旨も主張した。〔問題が〕矮小化されたが、SNP下のスコットランド政府は、自分たちにはまだ投票を実施に至らせる意思があると主張した。こうした動きは、この問題について憲法上で禁止することが本当にあり得るのではという見方を強化した。

カナダとイギリスがケベックとスコットランドでの独立の動きに反応した民主的な方法を脇に置くと、この二つの例はいくつかの他の意味で学びがある。第一に、これらの例が示すのは分離はどこにでもあるということである。貧しく、政治的に抑圧された地域にだけとどまっている問題ではない。豊かでしっかりと機能している自由民主主義国でさえ、強力な分離主義運動があり得る。第二に、そしておそらくさらに重要なのは、二つの事例とも次のことを示した。自由な選択肢を与えられた場合、人びとはいつも分離に票を投じるわけではないということである。とはいえ、より一般的なレベルでは、二国による分離独立への民主的アプローチは、これまでのところ、より広い影響力はほとんどないとも言っておくべきだろう。こうした動きに続こうとする国は他にほとんどない。

カタルーニャやクルディスタンが独立を勝ち取れなかったのはなぜか？

二〇一七年の秋は、分離独立と国家創設に関心のある者には非常に興味深い時期であった。なぜならイラクの一部地域であるクルディスタンとスペインの州であるカタルーニャが、お互い一週間も空かないうちに、独立を問う住民投票を実施したからである。にもかかわらず、これらの投票から数カ月しか経たないうちに、両方の事例で国家性をめぐる見通しは、当面の間は実質的になくなったのである。

独立を求めるあらゆる人びとの間で、よく言われてきたのは、クルド人は自分たちの国家を持たない世界最大の民族集団であるということである。スンニ派ムスリムが大勢を占め、インド・ヨーロッパ語を話すクルド人は、第一次世界大戦終結時、セーヴル条約の下で、独立国家を選ぶ権利を付与された。しかし、彼らの国家は一度も実現されなかった。トルコ共和国の創設によって、クルド人に渡されるはずであったほとんどの地域が［トルコに］覆われ、計画は終わりを迎えた。計画と異なり、クルド人は今、トルコ、イラン、イラク、シリアとソビエト・アルメニアに分散して存在している。彼らが国家性を追求していることが国際的な注目を再び集めたのは、クルディスタン労働者党（ＰＫＫ）

が軍事活動を開始して、トルコ南部の諸州にクルド人国家を設置しようとしたときである。

トルコ国内での紛争は続いているが、もっともあり得るクルド人国家の可能性は、トルコではなく隣国のイラクにおけるクルド人コミュニティ次第であるようだ。一九九一年、第一次湾岸戦争の終結後、クルド人は相当程度の自治を獲得し、二〇〇五年、ついには連邦地域になった。その後、イラクのクルディスタンは、本質的には事実上の国家になった。その後数年間のうちに、独立を求める声は高まった。国際社会のほとんどから反対されたにもかかわらず、クルディスタン地域政府（ＫＲＧ）は、二〇一七年九月二十五日に国家性を問う住民投票をついに実施した。七十三％の投票率で、うち九十三％が国家性を支持する結果となったが、この投票は、イラク政府や、アメリカを含む重要な国際アクター、そしてイランやトルコといった地域内の強力な隣国からすぐさま拒否された。こうした状況下で、独立宣言をしても成功の見込みはなかった。イラク軍とクルド人軍の衝突により、イラクのクルディスタンが領有を主張する北部イラクの広域地帯がイラク中央政府の管理下に戻ると、住民投票の結果は「凍結」され、ＫＲＧの大統領は辞任した。一方、イラク政府は、何年もの間、当該地域の広範な自治を認めてきたので、今後はこの領域への管理を拡大させるつもりであることを発表した。その結果、徐々に見えつつあったクルド人国家〔設立〕の見通しはかつてないほどに不透明になっている。[16]

同時に、カタルーニャが分離しようとした試みも、不名誉な終わり方であった。イベリア半島の北部に位置するカタルーニャは、スペインの十九の州のうち、六番目に大きく、二番目に人口が多い。また、国の中でもっとも豊かである。二〇一四年、何年か独立支持派の声が大きくなるにつれて、カタルーニャ政府は、住民投票を実施するつもりがあることを発表した。しかし、スペイン憲法裁判所が、そうした投票は違憲であると裁定すると、この計画は延期され、スペイン政府は、そのようなことが起こるならば必要ないかなる措置をとってでも妨害するつもりであると公にした。それに代わって、カタルーニャ当局は法的拘束力のない非公式の投票を実施した。これによれば、四十％の投票率で、八十％が独立を支持した。翌年の地方選挙では、独立支持派の党が、地方議会で何とか過半数〔の議席〕を獲得し、二〇一七年十月一日に住民投票を実施するとした。

スペイン警察が投票を止めさせようと強い行動に出たが、四十三％の投票率で九十二％が独立を支持する結果となった。投票から数日後、カタルーニャ議会は独立宣言を通過させたが、すぐに止められ、スペイン政府との協議が必要となった。しかし、マドリードは交渉を拒否した。その結果、カタルーニャ議会は、二〇一七年十月二十七日に一方的に独立を宣言した。この宣言は、アメリカ、イギリス、そしてフランスを含む多くの国々から即拒否された。一方、スペインはカタルーニャに対し、次の地方選挙まで直接統治をすると反応した。カタルーニャ行政府の複数の構成員は反乱の罪で逮捕され、カタルーニャ州政府首相は同州から逃げ、ベルギーで亡命政府を創設したと発表した。カタルーニャの独立をめぐっては今後も論争が続きそうだが、カタルーニャ共和国がすぐに独立するという希望は断たれた。

それぞれのやり方で、クルディスタンとカタルーニャの指導者たちは独立を得ようとして失敗したが、これらは再び、現代において、ある領域が一方的に分離をすることがいかに難しいかということをよく示している。両方の主義主張に対して疑いないほど多くの国際的共感はあるが、親国家の事前の許可なく国家性を確保しようとすると、国際社会は、認められていない分離の試みに対する親国家の長年の反対を前にたじろぐ。それでも、住民投票実施後に、想像もできない速さで分離の試みが崩れ去ったことは多くの観察者にとって驚きであったし、他の分離運動はおそらくきっとこれらの事例を詳細に研究するだろう。

台湾は分離独立の事例か?

台湾は、現代世界における国家性に関するいかなる議論においても、重要かつ興味深い事例である。とはいうものの、広く信じられているのとは反対に、台湾は実は分離独立の事例ではない――将来的にはそうなるかもしれないけれども。そうではなく、台湾は国際政治におけるやや普通とは異なる事例である。形式的には、実は国家承認の問題というよりはむしろ政府承認をめぐる紛争なのである。

一九四〇年代、中国は中華民国の国民党政府と毛沢東率いる共産党の間の内戦によって荒廃した。一九四〇年代終わりまでに、国民党は大敗していた。彼らは大陸から逃れ、中国大陸の東海岸沖にある台湾島に拠点を設置した。大陸では支配を失ったが、国民党は中国全体で正統な政府であると主張し続けた。西側の支援もあり、国民党は国連での中国の議席に居座り続けた。しかし、一九六〇年代後半までに、潮目が変わった。ますます多くの国家が共産党主導の中華人民共和国を承認するようになっていた。一九七一年十月二十五日、国連総会は決議第二七五八号を採択し、中華民国の代表は外に追いやられ、中華人民共和国の政府が国連で中国の正統な代表として承認された。

その後何年間かのうちに、一九七九年のアメリカを含み、さらに多くの国家が承認を切り替えた。

今日では、約十数カ国の国連加盟国とバチカン市国が、中華民国と一般に知られている台湾を、中国の正統な政府として引き続き承認している。[17] 台湾は、もう公式の承認は享受していないけれども、それでもアメリカや多くのEU加盟国を含み、多くの国々と広範に非公式のやり取りを維持している。また、いくつかの国連専門機関を含み、多くの国際機関で代表権を維持し——ただし中国の台湾省の名称で——そして中国台北としてオリンピック競技で競っている。

重要な点だが、台湾は正式に独立を追求したことはない。台湾と中華人民共和国のいずれも、憲法解釈の立場は、あるのは一つの中国だということだ。とはいえ、台湾島には独立運動がある。これに対し、北京はよく、台湾が独立を宣言しようものなら、軍事手段に訴えても反対するといった。二〇〇五年三月十四日に施行した反国家分裂法の下、中国議会は、もし台湾が分離しようとする場合には、政府に「非平和的」措置をとることを認めた。

パレスチナはなぜ国連加盟国でないのか？

パレスチナの地位は、国家性をめぐって、世界でもっとも長く続く、議論の余地ある例の一つである。この問題はヨーロッパの植民地帝国を終焉させたプロセスに遡るが、未解決の脱植民地化の例として扱われるようになった。問題は、パレスチナは国家になる権利があるという普遍的な合意がある一方で、国境、人口、首都、そして独立のパレスチナたる他の要素について、イスラエルとパレスチナの間で何の合意にも至っていないことである。

第二次世界大戦後、第一次世界大戦以降に統治を担っていたイギリスはパレスチナから撤退することを決定した。一九四七年、国連総会は当該領域に二つの国家、アラブの国ともう一つはユダヤ人の国家を創設することを勧告した。パレスチナのアラブ人は国連の分割案を拒否し、一九四八年五月、近隣のアラブ諸国と結託して、新たに〔独立を〕宣言したイスラエル国に対して攻撃し、失敗した。その結果、ユダヤ人国家はその存在を強固にした。一方、パレスチナ国家は形成されなかった。一九六七年、イスラエルは近隣諸国からのさらなる攻撃を打倒し、東エルサレム、ヨルダン川西岸地区、そしてガザ地区を含むパレスチナの全領域を占領した。一九八八年、国外のパレスチナ人リーダーたちは、パレスチナ国家の創設を宣言した。これは限られた承認しか受けられなかった。一九九三年、オスロ合意に従って、パレスチナ国家の最終的な創設に基づく最終的な解決の前駆としてパレスチナ自治政府が創設された。

現在、現場は不安定な状況にある。パレスチナ自治政府は、再生したパレスチナ国家の政府として自分たちを示しているが、ヨルダン川西岸地区の一部しか支配できていない。にもかかわらず、パレスチナは現在広範な承認を享受しており、ほとんどの国連加盟国がパレスチナと外交関係を樹立している。二〇一一年、パレスチナは国連加盟を申請した。ところが、総会で最終的な投票を行うことが認められるのに必要な勧告が、アメリカによって妨害された。それでも、二〇一二年には、百三十八の国連加盟国が、パレスチナを国連の「非加盟オブザーバー国」にするよう票を投じた。パレスチナは国際刑事裁判所を設置したローマ規程の「締約国」にもなったし、UNESCOの完全なメンバーとしても認められた。しかし、イスラエル、アメリカ、そして多くのヨーロッパ諸国は、パレスチナを国家として受け入れることを拒否している。これらの国々の主張は、パレスチナ国家はイスラエルとの包括的和平合意においてのみ設立可能であるというものだ。アメリカの反対が意味するのは、政治的解決なしには、近い将来、パレスチナが国連の完全な加盟国になるのに必要な承認を得られることはないだろうということである。

イスラム国は純粋な意味で国家だったか?

いいえ、だ。名前と表面上は国家に似たところはあるが——シリアとイラクにまたがる領域と居住者たちを支配する統治制度——いわゆるイスラム国——またの名をISISやISとして知られる——、国家ではなかった。過去四百年間、国家性の主張は他の国家があるということが前提にあり、どちらに主権があって独立しているかという関係で論じられた。ある国家の領域と人口は境界を必要とするのが常である。ところが、イスラム国はその境界や国家主権というアイデアを受け入れなかった。自分たちを唯一有効な宗教および政治哲学の真の代表とみなし、イスラム国は自分たちが唯一の正統な領域的政体であると信じていた。外国に承認を求めなかった。実際には多数の国からなる制度を覆そうとしていた。これは、テロリズムや過激派暴力と同様に、イスラム国に対するほぼ世界中からの反対を生み出し、すなわちイスラム国の死をほぼ確実にもたらすこととなった。イスラム国の例が示すのは、国家は単に物理的な構成物の総体ではないということである。国家性は領域と人口の統治だけでなく、国際的正統性も必要とするのである。

脱植民地化からさらに多くの国が現れるか？

将来、分離、解体、あるいは合併をつうじて新しい国家が誕生する可能性はあるが、脱植民地化によってさらに多くの国がつくられるという見込みはなさそうだ。脱植民地化の全盛期は一九五〇年から一九八〇年の間であり、当時国連加盟国の数は六十から百五十四に増加した。これら新国家の大多数は、かつてのヨーロッパ帝国がアフリカ、アジア、南太平洋やカリブ地域から撤退することで出現した。対照的に、過去三十年の間では、二十九の新たな国連加盟国中半数が脱植民地化から直接誕生したものであった。

国連によれば、世界でまだ脱植民地化を達成していない自治領（ＮＳＧＴｓ）は、今日わずか十七に過ぎないが、いくつかの事例においてこの分類は行政機関で争われている。これらに含まれるものとして、アフリカに一領域（西サハラ）、ヨーロッパに一領域（ジブラルタル）、太平洋に六領域（アメリカ領サモア、フランス領ポリネシア、グアム、ニューカレドニア、ピトケアン、そしてトケラウ）、大西洋とカリブ地域に九領域（アンギラ、バーミューダ、イギリス領ヴァージン諸島、ケイマン諸島、フォークランド諸島、モンセラート、セントヘレナ、タークス・カイコス諸島、そしてアメリカ領ヴァージン諸島）がある。それぞれ非常に小さい。確かに、これらの地域の人口をすべて合わせても、二百万人に満たない。

ある時点でこれらの領域のいくつかが独立を希望することは確かにあり得るかもしれないが、わたしたちが十七の新国家を見る日が来ると期待すべきことを意味しない。植民地の残存領域の多くは国家性をほとんど求めていないようである。これらの領域は、植民地当局と何らかの関係性を維持することを好んでいる。別の事例では、独立は、実務的、法的、政治的理由でありそうにない。一七一三年のユトレヒト条約に従って、ジブラルタルという、イベリア半島の南の先端に位置する小さな領域が、イギリスに永久に譲られた。もしイギリスがその支配を放棄するというのなら、ジブラルタルはスペインに戻されるだろう。さらに、この領域の人びとは、イギリス統治の下に居続けたいと主張し続けてきた。この問題に関する住民投票が、二〇〇二年にイギリス政府の公式の同意なしに行われ、圧倒的多数（九十八・九％）がイギリスとスペインの共有主権案拒否に投票した。それ以降、ジブラルタルは自治を行っていると主張するイギリス政府は、ジブラルタル政府とその居住者との合意なしに、当該領域の将来を決める協議には「絶対に」入らないと言っている。フォークランド諸島は、もともと、一八四〇年にイギリスの直轄植民地となり、今日では自治を展開するイギリス海外領土であって、アルゼンチンが（マルビナスと呼んで）領有を主張している。またもや、居住者たちはイギリスの統治の下にあり続けたいと主張してきた。二〇一三年に実施された住民投票では、（九十二％の投票率で）九十九・八％がイギリス海外領土にとどまる方に票を投じた。

考えられるところでは、もしかすると論争を起こすが、他の領域を含めてリストを長くできる。たとえば、フランスはいくつかの海外県を維持しており、たとえばインド洋にあるレユニオン、カリブ地域のマルティニークがそうである。もともとは植民地の所有物であったが、今ではフランスという国家に統合された一部であるとみなされている。これらの領域はフランス議会に議席を有し、ＥＵの完全な一部である。それゆえ、より正確には、これらの領域によるいかなる分離の試みも、フランスによって公式に分離であると分類されるだろう。しかしこれはやや机上の空論だ。明らかに、一番あり得る独立候補はフランス領ニューカレドニアである。しかし、二〇一八年、二〇二〇年、二〇二一年と三回実施された住民投票で、当該領域は独立を拒否した。二〇一〇年にフランス領ギアナとマルティニークで実施された住民投票では、住民のそれぞれ七十と八十%が、完全な独立はおろか、より強い自治にも反対する票を投じた。にもかかわらず、たとえやや先のことであっても、これらの領域が将来のある時点で完全な独立を求めるようになるという可能性を想像する人もいるだろう。

次に国連加盟国となると思われるのはどの国か？

答えるのは非常に難しい。世界中に独立のために争っている人びとが沢山いる。とはいえ、十かそれくらいの領域がもっとも可能性のある候補として浮かび上がる。こうした候補群の先頭に立つのは三つの南太平洋領域である。その一つ目はブーゲンビルで——パプアニューギニアの東海岸沖にある鉱物資源が豊かな島である。かつてはオーストラリアに管理されていたことがあり、一九七五年にパプアニューギニアの一部として脱植民地化された。しかし、現地でこれに対する抵抗があり、血の流れる紛争が勃発した。二〇〇一年、和平合意に署名がなされ、当該領域に自治が与えられ、将来の地位に関して——独立の選択肢も含み——十年から十五年以内に住民投票の機会が提供されることになった。[18] 二〇一九年十二月、投票が実施され、圧倒的に独立が支持された。ところが、パプアニューギニア政府は結果を受け入れた一方で、それにもかかわらず同国政府が結果を尊重しないと決定するかもしれない懸念がある。二つ目は、先述の通り、フランスの植民地であるニューカレドニアである。三番目に可能性があるのはチュークである。ミクロネシア連邦の四つの構成領域の一つであり、複数年にわたって独立に関する投票を実施する計画を立てている。ただし、何度かその機会が延期されており、理由ははっきりとしない。

さらに加えるならば、一番可能性のある候補には、本章で考察したいくつかの事例があてはまりそうだ。高い可能性があるのはソマリランドで、すでに相当程度、国際的に受け入れられている。多くの観察者たちは、もし主要なアフリカの国が一カ国ソマリランドを承認すれば、他国も続くのではないかとみている。次に来るのはパレスチナとコソボである。しかし、これらは現段階では〔国連〕安全保障理事会から必要な勧告を得ることができていない（この点については第六章で詳細に考察する）。パレスチナの場合には、アメリカが、イスラエルとパレスチナの間での和平合意がない中では、パレスチナの〔国連〕加盟のためのいかなる試みに対しても拒否権を行使するという立場を明確にしている。コソボはロシアと中国の妨害に直面している。

それから、いつも可能性があるのは、ケベックやスコットランドで独立を問う住民投票がまた実施され得ることとである。二つのうち、スコットランドの方が、次の数年間のうちに独立を獲得するための住民投票が実施される可能性が高い。実際、SNP〔スコットランド国民党〕の主要な指導者たちは、次の投票の機会は「避けられない」と言い張っている。可能性はここまで高くないが、国家性を求める可能性がある別の領域は、西サハラである。既述の通り、かつては可能性が高かった領域である、クルディスタンやカタルーニャは、最近は新国家候補リストからは外れてしまった。これらの領域が独立問題を強硬に進めようとした動きが、裏目に出てしまったようだ。さらにもう一つの可能性ある領域はグリーンランドであり、デンマークから分離独立するかもしれない。とはいえ、何年間も独立に関する協議がなされてきたが、ごく近い将来に投票が実施される可能性はなさそうだ。

最後に、いくつかの連邦が解体したり、いくつかの新しい国の出現をわたしたちは目の当たりにする可能性もある。興味深いことに、現在一番はっきりした候補は、アフリカでもっとも人口が多い二つの国、ナイジェリアとエチオピアだ。両国で民族間の緊張が増幅してきた。エチオピアでは、北部のティグレ州で悲惨な内戦が勃発した。この内戦は、エチオピアの連邦州で最大のオロミア、その他地域での分離派の暴力の引き金にもなった。ナイジェリアでは、複数の州で緊張が増しており、以前はビアフラと呼ばれた領域から構成される州や、ムスリムが大多数を占める北部とキリスト教徒が大半を占める南部でも対立がある。

これらが次の国連加盟国となり得る可能性が一番高い候補であるが、次の加盟国がこのリストにないということもあり得るかもしれない。この先でサプライズも十分あり得る。

第五章　独立と国家性たらしめる機構

新しい国家はどうつくられるのか?

過去二世紀半の歴史が示すのは、新しい国家が誕生し得る主な方法が基本的には六つあるということだ。そのうち二つは、原始取得（original acquisition）と漸進的権限移譲（gradual devolution）であるが、過去に属する。原始取得が生じるのは、承認された国家には属していない領域に外部から移住があり、続いて当該領域に国家の設立があった場合である。もっともよく知られている例はリベリアであり、一八四七年にアフリカン・アメリカンの移住者たちが建国した。別の歴史にかかわる方法は漸進的権限委譲であり、政府がその権力を海外の移住者領域に対して、両者の憲法上の結びつきが消失するところまで、漸進的に権限を委譲する。オーストラリア、ニュージーランド、そしてカナダは、二十世紀にイギリスからの漸進的権限移譲をつうじて国家になった。未定住領域もなければ、国家性要素を獲得したいと切望する明白な海外定住者領域もないため、これら二つの方法をつうじて新国家が設立されることをわたしたちが目にすることはなさそうだ。

現代では、二つのもっともよくある国家建設のかたちは、脱植民地化と分離独立となってきた。脱植民地化をつうじた新国家の出現は今やほとんど終わったも同然である。とはいえ、後述する通り、このルートで出現し得るいくつかの新国家はまだある。対照的に、二十一世紀の新国家のほとんどは、分離独立をつうじて行われる可能性が高い。直近で国連加盟国となった南スーダンは、分離独立の産物である。

最後に、国家が存在するようになり得る方法があと二つある。一つ目は解体である。これが起こるのは、既存の国家がいくつかの別々かつ独立した部分に崩壊する場合である。このもっともはっきりした例はチェコスロバキアとソビエト連邦である。現在、予見可能な限りの未来において、解体のさらなる事例を見ることになるかどうかを断定することは難しい。国家創設のもう一つの方法は、合併をつうじたものである。既述の通り、ドイツとイエメンの事例でこれが発生した。ただし、他にも例があり、一九五八年にエジプトとシリアが統合する決定に続いて出現した、短命であったアラブ連合共和国（UAR）、タンガニーカとザンジバル（両国とも一九六一年に国連に加盟した）の合併に続いて一九六四年に創設されたタンザニアが含まれる。この先、北朝鮮と韓国の間で合併がいつか起こるかもしれない。また、コソボとアルバニアの間での統合も、もしかしたら見ることになるかもしれない。両国とも、公式には自国の政策としては否定しているが、両国の政治関係者は可能性としては挙げている。ルーマニアとモルドバの間の統合もまた可能性があり、ロシアとベラルーシの統合についても原則的には長期にわたる合意がある。

分離は解体や脱植民地化とどう異なるのか？

新国家の創設については以上すべてがよく似た結果を有するが、分離独立、解体、そして脱植民地化は、それぞれ区別される必要がある。分離独立と解体の主な違いは、分離独立のあと、親国家は、世界の舞台で独立した主権を有する政体として存在し続けるということである。解体の場合、親国家は存在しなくなる。興味深いことに、国家解体の多くの事例が、実際には、ある構成部分による分離独立のプロセスとして始まるものの、その後このプロセスが制御不能になってしまったということだ。これが観察されたのが、ソビエト連邦の崩壊の事例であり、バルト諸共和国が自らの主権を再主張しようと始まったもので、ユーゴスラビアの分裂では、スロベニアが分離独立しようと始まった。

分離独立と脱植民地化の間の違いは、分離独立は、かつては親国家の領域の不可分な一部としてみなされていた領域の一部が独立することと定義されることである。対照的に、脱植民地化は、かつて領域を管理していた国家から地理的に離れており、その帰結は人口的にも憲法上も別の領域が独立することである。解体と分離独立の間の線引きはときおり曖昧にも見えるが、一九四五年以後の脱植民地化は、国際関係および国際法において、分離独立からは完全に別のカテゴリーであるとはっきりと理解されている。とはいえ、後述する通り、新たに脱植民地化した国家と新たに独立した分離独立国家が直面する課題は、ほとんど同じとまではいわないが、非常に似通ってはいる。

自由連合とは何か?

独立を模索するも国際舞台で完全かつ積極的な役割を引き受ける能力がない、残る植民地領域が追求し得る一つの選択肢は、他の国家との自由連合である。自由連合は、領域に、相当高い程度の自治を維持することを認めつつも、防衛や外交政策といった特定の鍵となる機能の責任を別の国に譲るものである。

実際には、自由連合は流動的な概念である。ある状況では、別の国家と自由連合になった国家は、完全に独立した国連加盟国として承認されるかもしれない。もっとも理解しやすい例は、パラオ、ミクロネシア連邦、マーシャル諸島である。以上すべてはアメリカと自由連合意協定に署名しており、各国は海外情勢に関して完全な舵取りを維持しながら、アメリカが防衛を提供している――国連や他の多国間機関において、これらの国々は通常アメリカと同じ投票行動をとるけれども。

別の場合には、自由連合の概念はそれほどはっきりとしていないことがある。たとえば、太平洋の小さな島国であるクック諸島やニウエは両方とも「ニュージーランドと自由連合にある自治国家」として分類されている。これはつまり、両領域とも外交政策や防衛の運営上、ニュージーランドに頼っているということだ。アメリカとの自由連合にある国家とは違って、両方とも国連の完全な加盟国ではない。しかし、二国はいくつかの国連諸機関のメンバーではあり――UNESCO、WHO、国連食糧農業機関（FAO）、国際民間航空機関（ICAO）を含む――、条約締結能力があると国連から認められている。両国家とも特定の外交活動を行う。たとえば、ニウエはEU常駐代表部を有しているし、クック諸島は国際海事機関（IMO）の常駐代表部を有する。さらに、両国とも外交政策の意思決定においては、完全な独立を維持しているようである。これがよく示されているのは、ニュージーランドは六年早く二〇〇九年にすでに済ませていたけれども、二〇一五年五月と六月に、クック諸島とニウエがコソボを承認するという決定を発表したことである。

新しい国家をつくるためには住民投票が実施される必要があるのか？

いいえ、だ。とはいえ、人民による投票の使い方と新国家の創設を観察してみると興味深いイメージが浮かび上がる。同意に基づく分離独立の場合、住民投票（あるいは国民投票とも呼ばれる）はしばしば独立のプロセスで不可欠な一部である。これはなぜなら、ルールとして、国際社会が分離独立行為を認めるのは、親国家の明示的な許可があるときだけであるからである。ある国家が当該領域の一部の独立を前向きに考える場合、当該国家は、これはその領域の住民たちがはっきりと望んでいることであると確認したいものである。国連に直近で加盟した三カ国――エチオピアからの独立によるエリトリア（一九九三年）〔より新しく独立国家となり国連に加盟した国として東ティモール（二〇〇二年）がある〕、セルビアと一緒の連合国家から離れる決定をしたモンテネグロ（二〇〇六年）、そしてスーダンから独立した南スーダン（二〇一一年）――のすべてが住民投票後に独立した。一方的独立の場合、住民投票の活用はあったりなかったりする。ナゴルノ・カラバフ、トランスニストリア、そして南オセチアはいずれも親国家からの分離を問う投票を行ったが、アブハジアや北キプロスは行わなかった。コソボは異例である。一九九一年に独立を問う住民投票を行ったが承認したのはアルバニアだけで、二〇〇八年に独立宣言が広く認められる前には人民による投票は行われなかった。

また別の状況では、住民投票はやや突飛な方法で使われる傾向があった。興味深いことに、国家の合併事例においては、住民投票は役割を果たしにくい。エジプトとシリアがＵＡＲを形成したときには投票は実施されなかったし、タンガニーカとザンジバルがタンザニアをつくるために手を取り合ったときも住民投票はなかった。より最近では、東西ドイツと南北イエメンは人民投票なしに統一した。同様に、脱植民地化の多くの事例は人民による公式の投票なく行われた。独立に至ったポルトガル、ベルギーの被植民者たちが投票の機会を与えられたことはなく、人民投票をつうじて独立したイギリスの被植民地といえばマルタ（一九六四年）とバーレーン（一九七〇年）だけである（もちろん、非公式の国民投票はときどき行われたが、これは人民が植民地支配への反感の強さを示すものであった。たとえば、キプロスのギリシャ正教会は一九五〇年に投票を開催したが、この島がギリシャと統一することへの支持を喚起するためのものであった）。対照的に、全部で二十の仏領アフリカ植民地は、第五共和政を設立する憲法に意見を表明する機会を与えられた。もし拒否すればそれは独立につながると考えられた。しかし、憲法に反対票を投じたのはたった一つ、ギニアで、それゆえ国家性を獲得した。それに続いて、さらに三つの仏領植民地が人民投票をつうじて国家性を獲得した。アルジェリア（一九六二年）、コモロ（一九七四年）、ジブチ（一九七七年）である。より最近では、住民投票を実施する傾向に傾いてきた。繰り返しになるが、ニューカレドニアとフォークランド諸島における投票は、それぞれフランスとイギリスの継続統治を確認するものであったが、この点で好例である。

国家解体の事例では、描かれるものは同様に混在している。チェコスロバキアでは人民投票が実施されたことはまったくなかった。政治指導者らが国家を解体するという決定に至り、それから連邦議会がこれを実施した。ソ連の事例では、いくつかの共和国――アルメニア、アゼルバイジャン、ジョージア、トルクメニスタン、ウズベキスタンなど――が住民投票を実施した。その他、ベラルーシなどは、実施しなかった。ユーゴスラビアでは、住民投票が分裂プロセスに重要な役割を果たした。公式にも非公式にも投票を実施しなかった唯一の共和国は、セルビアであった。その他はある時点で何らかの住民投票を実施した。スロベニア（一九九〇年）、コソボ（一九九一年）、クロアチア（一九九一年）、マケドニア（一九九一年）、ボスニア・ヘルツェゴビナ（一九九二年）、そしてモンテネグロ（二〇〇六年）である。とはいえ、ユーゴスラビアの事例は住民投票の危険性も示す。国家性に関する主張が競合している事例においては、人民投票は緊張状況を解決するというよりは高め得る。たとえば、クロアチアとボスニアでの住民投票はクロアチアのセルビア人とボスニアのセルビア人から拒否された。彼らはすべての共和国の住民投票は、独立に関する問題を憲法上決定することはできないと主張した。一方、クロアチアのセルビア人とボスニアのセルビア人による一九九一年のカウンター住民投票は、実施後、二つの共和国の政府および国際社会から拒絶された。住民投票が争われている問題をうまく解決するのは、関係当事者がその妥当性と特定の条件に合意している場合だけである。

独立を問う住民投票はどのように準備されるのか？

独立を問う住民投票を企画する際には、実際には、多岐にわたる問題を考慮する必要がある。まず何よりも、それがすべての関係当事者と国際社会に受け入れ可能なものである必要がある。一当事者により要請された住民投票が他の当事者から支持を受けていなければ、正統とはみなされないだろう。親国家だけから要請される場合、それは人びとの意思が自由かつ公平に表明されるものとなるかどうかについて疑問が生じるだろう。独立を求める領域によって投票がなされるが親国家の同意がない場合、一方的行為として拒絶されるだろう。

二者が投票することに合意したと仮定すると、これらの当事者は投票者に投げかける問いに合意する必要が生じる。二つの結果の間でいずれかを単純に選ぶものにするか、それとも複数の選択肢にするのか？　たとえば、南太平洋諸国やプエルトリコで実施された住民投票の中には、独立、自由連合、あるいはアメリカの一部となるといった幅広い選択肢が人びとに与えられた。たとえ選択肢が独立か現状維持かであっても、現実の問いは非常に多岐にわたり得る。スコットランドでは、問われたことは単純だった。「スコットランドは独立した国になるべきか？」対照的に、一九九五年のケベックの住民投票は、はるかに複雑な問いを投げかけた。「ケベックの将来的地位を尊重する法および一九九五年六月十二日に署名された合意の範囲内で、新しい経済的、政治的パートナーシップについてカナダに正式な要請をした後、ケベックは主権国家となるべきだということに、あなたは合意しますか？」

それから、誰が投票するのかという問題がある。住民投票は、親国家と分離しようとする領域のすべての人びとを含むべきだと考える人がいる。これは正しくない。慣習として、それは自決を行使するまとまりにのみ適用されるのであって、親国家の人びとには適用されない。これは最近の独立に関する住民投票すべてで実践されてきたことである。スコットランド、南スーダン、モンテネグロ、そしてケベックがそうである。これらいずれの事例でも、イギリス、スーダン、セルビア、そしてカナダの残りの人びとは、決定に対してノーという機会は与えられていなかった。にもかかわらず、いくつかの国家、スペインやウクライナなどは、いかなる投票も、公的に認められたものであれば、国全体を巻き込むべきであると言い張った。それから、誰が選挙人となれるかについて別の問題がある。たとえば、スコットランドの事例では、選挙人名簿はスコットランド議会のものと同じであるべきだと決定された。つまり、スコットランドに住むすべてのEU市民に投票権があるということである。しばしば、外国居住者に投票権を与えるか否かという問題が重要となる。たとえば、モンテネグロは海外に住む市民に投票を認めた。しかし、同じ連邦にあるパートナー国であるセルビアに住むモンテネグロ人は、参加する権利を否定された。これは明らかに投票結果を独立に有利に仕向けるものであった。なぜなら、セルビアにおけるモンテネグロ人の一大コミュニティは、連邦を維持するよう投票するだろうと広く理解されていたからである。

加えて、投票のやり方についても問題がある。たとえば、投票のタイミングや国際監視団の参加といったことである。投票は特定の一日に実施されることもあれば、何日かにわたって行われる事例もある。南スーダンでの投票は六日間実施された。

最後に、何をもって分離独立を支持する結果とするかという問題がある。必要な最低投票率があるのか？　それから、投票は単純多数決で決められるのか？　スコットランドの事例では、その基準は全投票者の五十％だった。モンテネグロの例では、EUが仲介した合意において、最低五十％の投票率で、独立を支持する投票が五十五％を達成した場合のみ、投票の結果が認められると明記されていた。こうすることで、投票後に緊張が高まるリスクを最小限に抑えられるだろうという希望的観測の中で、結果に対して明確な支持があると確実にいえるようにしたのである。

継続あるいは後続国家とは何か？

分離独立のいかなる事例においても、関係者間の法的関係を定義することが重要だ。こうした理由で、継続あるいは後続国家という言葉が出現した。分離独立の事例で、親国家は通常その権利と法人格を維持する。親国家はそれゆえ、国際法上継続国家として知られる。もう一方で、離れていく国家は一般的に新しい政体であり、後継国家と呼ばれる。ところが、合併や解体を伴うと、こうした状況は幾分より混乱したものになることが多い。たとえば、チェコスロバキアが分裂した際には、チェコ共和国とスロバキアは、両国とも継続国家であるとは主張しないと決めた。両国とも新しい政体であり、つまり後続であるということだ。もっと複雑な事例では、合意によって一つの国家が継続国家として出現することがある。これが起こったのがソ連である。その事例では、ロシアが継続国家であり、一方、（解体当時、法的にはソ連の一部ではなかったとみなされる）バルト諸共和国を除く、その他の共和国のほとんどは後続国家であった。

継続と後続が問題になるのは、これらが幅広い課題に影響を及ぼすからである。たとえば、国際機構の構成国であること、条約上の義務、そして国家の財産や負債がある。国際機構の構成国であることは、新国家の第三国との関係にとって非常に重要である。国際政治上、おそらくもっとも価値のある地位は、国連安全保障理事会の常任理事国メンバーであることである。ソ連が解体したとき、ロシアがソ連が理事会で持っていた議席を維持するということが比較的すぐに決まった。また別の興味深い例はユーゴスラビアである。同国が崩壊したとき、ユーゴスラビア連邦共和国（ＦＲＹ）は継続国家となることを主張した。ところが、他の共和国らがこれを拒否した。一九九二年九月、国連安全保障理事会は、ユーゴスラビア社会主義連邦共和国（ＳＦＲＹ）は「存在しなくなり」、ＦＲＹが継続的に国連の加盟国となるという主張は「総じて受け入れられない」と決定した。ＦＲＹは、そのため、加盟申請することが求められた。[1] 続く八年間、同国はそうすることを拒否した〔興味深いことに、同国はSFRYの代わりにさまざまな国連諸機関に参加することができたのだが〕。しかし、二〇〇〇年、新政府の下、FRYは折れ、国連の新加盟国として認められた。

この問題の複雑性に応答するため、条約に関する国家承継ウィーン条約（一九七八年）および国家の財産、公文書及び債務に関する国家承継ウィーン条約（一九八三年）が成立した。しかし、これらの効果は限定的である。はじめの条約は一九九六年に施行されたものの、条約締結国はたった二十三カ国であった。それらの中にはユーゴスラビアの六つの共和国と、ひょっとすると幾分興味深いことに分離独立派の挑戦を受けているキプロスが含まれる。加えて、さらに十九カ国が署名はしたが、まだ批准していない。二番目の条約は施行されていない。これらの条約の影響が限定的であることは、継承に関する確立したルールは比較的少ないということを示している。これが意味するのは、事例によって大きく異なる帰結となり得るということである。継承問題に関して関係当事者間で合意がないところでは、何らかの合意に至るまでは、〔継承〕問題に関する国際社会の立場が通常は決定を左右する。

新国家の国境はどう画定されるか？

脱植民地化前には、国境線作成にあたって、一般的に好まれていたような、新国家が実効的に現場で創設された場合には国境線を確定すべきであるといった一般的な指向以上には、普遍的原則のようなものはなかった。新しい国家間の国境線に関する問題は、独立をもって解決するものだろう。脱植民地化以来、そして第四章で論じた通り、国際社会は、独立以前に存在した境界線が尊重されるべきであるという、領土と領海の境界線の正統性原則を守ってきた――ウティ・ポシデディス・ユリスである。多くの状況において、国境線の画定はそのため比較的直截的なプロセスである。新国家の境界線は、国家性を獲得する前の行政区画に合わせるということになるだろう。しかし、ときどき、以前にはそうした境界線が存在していなかったがために問題が生じることがある。これは深刻な行政的問題を引き起こし得る。たとえば法的管轄権や法執行に関するものである。より重大なのは、そうしたことが武力紛争を引き起こす可能性があることだ（とはいえ、あらゆる国境問題が重大な問題を引き起こすわけでも、解決される必要があるわけでもない、ということはここで強調しておく必要がある。多くの国家は国境線について不一致があっても平和的に共存できる。アメリカとカナダでさえ領域に関する顕著な不合意がある）。

より論争的になり得る問題は、海上境界線だろう。これはなぜなら、諸国家は国内のある〔海上の〕区画部分の間に線を引くということがないことが多いからである。だから、新たに独立した領域は、親国家との間ではっきりと確定した領土の境界線を有する一方で、突如、海上で深刻な問題があることに気づくことがある。多くの事例において、こうした問題は、国際法の確立した慣習に従って比較的簡単に決定され得る。しかし、ここでも係争は生じ得る。そうした事例の一つはスロベニアとクロアチアであり、両国は、アドリア海で長きにわたって未解決の、海での係争を抱えている。

国境紛争解決にはさまざまな方法がある。あるときには、交渉で解決できることがある。二〇一六年、ベルギーとオランダは、河川の経路が変化した後、水路の違った側の〔つまり相手国の〕小規模な領土がそれぞれに残されたため、領土を交換することに合意した。[2]別の方法としては、係争国が、双方が受け入れた第三国あるいは国連などの外部団体による対外的な仲介を要請することもある。さらに別の方法は、法的解決を探ることである。一八九九年に設立された、常設仲裁裁判所は、たくさんの国境線問題を扱ってきた。一九一三年、同裁判所は、ティモール島上にある、オランダとポルトガルの植民地の境界線について決定を下した。これは後に重要な意味を有することになった。というのも、これがインドネシアと、新たに独立国家となった東ティモールの間の境界線を形成しているからである。より最近では、三十年にわたる戦争の後、一九九三年にエリトリアが独立した後、同裁判所はエチオピアとエリトリアの間の国境線問題を解決する手助けをした。最後に、国際刑事裁判所も国境や海上境界線の係争を扱い得る。しかし、両当事者とも国連加盟国でなければならず、かつ両当事者とも国際刑事裁判所で係争問題が解決されることに同意していなければならない。

国家の資産や債務はどう分けられるか?

国境線を決定するのと同様に、ある領域が分離したり、ある国が解体する際には、多岐にわたって取り上げられる必要のある実際上の問題がある。どんな交渉過程においてもおそらくもっとも難しく、論争が起こる問題の一つは、国家資産や債務の法的責任の分割だろう。分割が実質的に友好的なのであれば、比較的容易なプロセスになり得る。たとえば、チェコ共和国とスロバキアは、ほんの数週間のうちに基本的な交渉に決着をつけた。またあるときには、長く苦しいプロセスになることがあり、外部からの仲介を必要とさえするかもしれない。たとえば、ユーゴスラビア社会主義連邦共和国

（セルビアとモンテネグロは、ユーゴスラビア連邦共和国として、この段階でまだ統一していた）の最初の五つの共和国が合意に至るまでにはほぼ十年間かかった。(3) かつ、合意に至っても、履行をめぐってのちのち係争が生じ得る。

一般に、分割が必要となる資産には三つの類型がある。動産と不動産、財産、そして外交資産である。これらのうち最初の、動産と不動産には、幅広い国家の所有物、たとえば政府の建物や軍事基地などが含まれる。多くの場合、これは簡単に解決される。不動産の場合、当事者たちは、それが位置する領域の国家が保持すると単純に決定するだろう。当該建物が国民にとって非常に重要な意味を持つ場合には、別の措置について合意する場合もときどきある。たとえば、軍事基地の場合、親国家が数年の間は当該基地を継続的に使用できるような賃貸措置がとられることがある。ある場合には、ある領域の主権が保持されることもある。たとえば、キプロスが一九六〇年に独立した際、イギリスは主権の及ぶ軍事基地として九十九平方マイルの領域を永久的に保持し、かつ正式に新キプロス共和国に引き渡されたさらに多くの施設の使用を認められた。(4) 国家の動産の場合、より深刻な問題を提起し得る。この種類には非常に多くの物品、軍の武器から文化財までが含まれる。軍事用品は、しばしば高い価値があるため、相当な交渉を要する原因となり得ることが多い。芸術品や歴史的な品も問題になることがある。というのも、それらは、当事者の一方が保持する場合に、もう一方の当事者に起源があったり、もともとの重要性があったりすることがあるからだ。

決着が必要な第二の分野は財産である。これらに含まれるものにはさまざまな方面で多岐にわたる物がある。政府の各部局の財産、中央銀行の所有物、外貨保有物、株式や債券、金やその他のレアメタルの保有物、外国銀行や国際機関で保有している財産、国外の当事者が当該国に対して負っている借金である。決着がつけられる必要がある別の問題は、国際財政機関での財政支出や引き出し権の問題にいかに取り組むかである。これが重要なのは、決定によって新国家がこれらの機関のメンバーになるためにいくら払わなければならないかが決まるからである。

次に合意に至る必要があるのは、外交財産であり、大使館、公邸や、領事館が含まれる。いくつかの事例では、これは問題にならない。新国家が、既存の外交財産を手放す旨表明することを決め、自らの施設を獲得することによって、単純に、世界で自分たちの方法でやっていくことがある。たとえば、ソ連が崩壊したとき、ロシアは世界で旧国家が有していたすべての大使館を手中に収めた。残りの共和国は、それゆえ、自分たちの派遣団を創設した。別の事例では、チェコスロバキアが分裂した際、ロンドンにある大きな大使館はこの二つの新国家の間で単純に分割された。今日まで、チェコ共和国とスロバキアは同じ建物を共有している。別の場合には、これが非常に物議を醸すプロセスになり得る。旧ユーゴスラビア諸国が外交財産について合意に至るまでには何年もかかった。最終的には、これらの諸国の間で分割され、百分率の式に基づいて、セルビアがほとんどを、スロベニアが最小分を受け取った。

それから、国家の記録がある。出生、死亡、婚姻記録や、土地の登記がある（より公式には土地台帳記録として知られている）。ある場合には、現地の自治体あるいは県レベルなど、分割された通りに処理されるようになっていることがある。こうした事例では、ほとんどあるいはまったく難なく、この問題は解決される。しかし、また別の場合には、中央集権制度が存在し、解決には相当な議論を要する場合がある。別の重要な課題は、国の公文書の問題である。ほとんどの国家は、自分たちの歴史の記録を持っていたいものである。ところが、親国家やかつての植民地宗主国はそうした記録を手放すことを嫌がるかもしれない。こうした事例では、新国家には関連する文書のコピーを提供することによって、この課題を解消するということが可能なことがある。

国家の資産をどう分けるかという決着と同様に、重要な債務の問題もある。新国家は親国家の資産のいくばくかを持つようになるだけでなく、一定割合の負債を引き継ぐこともよくある。こうした負債は、他国あるいは国際財政機関へのものであることもあるし、銀行等商業債権者に対して負っているお金かもしれない。繰り返すが、こうしたことのいくつかは、比較的簡単に決着がつく。たとえば、ある新国家は当該領域のインフラ事業に対する支払い負担を引き継ぐことに同意することはある。ところが、同プロジェクトが国境をまたぐ場合や、一カ国にとどまってはいるが生み出す成果が他にも恩恵をもたらす場合（たとえば灌漑事業など）、何が起こるだろう？　それから、ある国から別の国に簡単には引き渡すことができない、国家保有の負債がある。こうした事例では、どう債務を分配するかについて合意に至る必要がある。

解決されなければならないもっとも重要な課題の一つは、年金の問題だ。非常によくあるのは、ある国家出身の市民が別の国である程度の期間を働きながら過ごし、年金制度に積み立ててきたようなことだ。彼らが自分たちの母国に戻る場合、何が起こるのか？　ユーゴスラビアの事例では、合意が締結されており、それぞれの共和国出身の市民で別の共和国で働いた者には、そこで働いた時間の合計に見合うレベルで、働いた共和国から年金を受ける資格があるとされた。人びとが頻繁に移動する国では、人びとが三つ、四つの前共和国からの年金を要求することも稀ではない。

資産や債務と同様に、議論が必要な実際の課題は他にも沢山ある。たとえば、自分たちが「間違った」国家にいると分かった役人たちには何が起こるのだろう？　自分たちの「ホーム」といえる国に戻りたい人もいるだろうし、今働いている国とのつながりを確立しているからそうしたくないという人もいるだろう。ときには、彼らには市民権が与えられることがある。しかし、彼らの出生に基づく国籍が、機微な書類へのアクセスに影響するかもしれない。当該国に駐留している軍隊の関係者はどうか？　彼らは〔持ち場を〕離れて母国に戻らなければならないのか、それとも彼らがそう望めば駐留を続け、新国家の軍隊の仲間入りをするのか？　彼らが自分たちの「ホーム」である国家に戻らなければならない場合には、奇妙な状況になり得る。もともとセルビア出身の海軍士官を考えてみよう。モンテネグロの独立後、彼らは内陸国に戻って奉仕しなければならなかった。

誰が新国家の市民となるのか？

生じ得るさらに論争的な課題の一つは、市民権問題だ。多くの事例で、新国家は単純に、独立時に当該領域において生まれたか居住している人なら誰にでも市民権を広げるものである。ところが、ときに、市民権の付与が政治的色彩の強い課題と判明することがある。たとえば、多くのロシア民族が三つのバルト共和国に住みながら、独立を再び主張し始めた。リトアニアでは、ロシア民族が人口の約十％を占めるが、独立の時点で同国に住むすべての人に市民権が与えられるという決定がなされた。対照的に、エストニアもラトビアも、ソビエト支配中に同国に移動してきた人びとに、自動的には市民権を与えなかった。民族少数者たちは、自分たちが統合されるのに十分だと証明するために、語学試験を受けなければならなかった。その結果、何十万人ものロシア語話者たちが、市民権を拒否された。この数字は小さくなったが、いまだに何万人もの人びとがラトビアあるいはエストニアの市民権を得られておらず、市民権取得のために厳しい語学試験を受けなければならない。またあるときには、行政的な課題が大きな問題を生んだこともある。たとえば、スロベニアは、独立後に市民権の申請期間の締め切りを守れなかった、ユーゴスラビアの別のところで生まれた何千もの人びとの市民権を拒否したどころか、締め切り後に申請に現れた場合にはそれらの人びとの書類を破棄しさえした。今日まで、多くのいわゆる「消された」人びとはスロベニアの市民権を得られていない。

また別の厄介な課題がよく生じるのは二重市民権である。新国家の中には、国民アイデンティティを確立するために、非常に厳格なアプローチをとり、市民に対して、いかなる他の国とのつながりも捨てるよう求める国がある。たとえば、モンテネグロは二重市民権に関して厳格な制限を課した。民族的にはセルビア人であると自認する人口の約三分の一の人びととの忠誠心を懸念したことが主な理由である。またある国では、とりわけ大きなディアスポラ集団がある場合、はるかに緩いアプローチをとり、二重国籍を受け入れて、海外に住む同集団メンバーとのより親密なつながりを奨励する。確かに、新国家にしてみれば、多くの場合、これは海外の集団から政治的、財政的支援が確保できる重要な方法になり得る。そのような事例では、血統（jus sanguinis、血の権利）をつうじて誰が市民権を得られるかについて、政策は大きく異なる。あるときには、これは同国で生まれた人や独立時に市民権を与えられた人の子に単に拡げていくことである。別の国はもっと緩い基準を採用し、ある人が少なくとも一人、そこで生まれた祖父母がいると証明することを求めるだけである。イタリアの事例では、イタリアという国家が誕生した一八六一年にイタリアの市民であった人が祖先であると証明できれば誰でも市民権を拡げてもらえる。ある場合には、市民権の基準はさらにもっと広くつくられている。イスラエルは、イスラエルに移住してきた人で、生まれまたは改宗によって、ユダヤ教を信仰する人なら誰にでも市民権を拡げる。(5)

新国家にはどのような機構が必要か？

独立の条件を決定するのと同様に、新国家は、主権を正式に有し始めるときに向けて計画をしなければならない。これが意味するのは、政治制度を決めることと憲法を制定することであり、この点で無数の問題が浮かび上がる。単一国家になるのか、連邦か、あるいは連合すらあり得るか？　どのような憲法制度を採用するのか？　大統領制か議会制になるのか？　元首はどのように選ばれるのか？これらの問いに答えるためのメカニズムでさえ決定を要する。なぜなら選択可能な手続きが沢山あるからだ。たとえば、政治家やその他の地位の高い人物らが関わる協議プロセスによって、あるいは特別に限定された憲法会議によって、国家機構は創設され得る。それらは、離れていく国家あるいは対外的な委員会によって草案が起草されることさえある。

新国家は、政府と公務員も必要とする。非常によくあるのは、国家性の中核的機能の多くはすでに存在している傾向にあり、独立に続く改変は非常に小さく、単に建物の外観の飾り額を変えるくらいのものになることがある。とはいえ、これがいつも当てはまるわけではない。脱植民地化時代には、国家性に関してあまりにも準備不足であった。もっとも酷い例はコンゴであり、一九六〇年六月にベルギーから独立した。コンゴには大学卒業者はほとんどおらず、意味のある行政業務経験を与えられたコンゴ人はほぼ皆無であった。今日、こうした状況はあまりない。今日、何もないところから国家創設のプロセスが始まるということはめったにない。ほとんどすべての新国家が、独立前に何らかの統治の形態をすでに有しているか、国家性を保持し始める前に国外の関係者から相当程度の支援を受けている。とはいえ、そうした経験や支援が独立後の成功を保証するわけではないことは確かだ。南スーダンは、二〇一一年に独立したもっとも新しい国家であるが、失敗国家となった。

行政機能については、新国家は独立に際して最低限の能力だけを持つということが想定される。これは通常、財政、教育、公衆衛生を担う省庁はあるという意味だと理解される。しかし、わたしたちがあるだろうと想定するような他の省庁には、防衛、外交、開発、農業、社会保障、工業、運輸、通信、司法、インフラ、若者、観光、スポーツ、そして文化といったものも含まれる。明らかに、多くの小国はこれらの機能のいくつかを一つの省庁にまとめるか、いくつもの役割を一人の大臣に付与している。たとえば、ナウルにはたった六人の大臣しかいない。これを、十五の連邦行政部を持つアメリカ、あるいは二十三の大臣省を持つイギリスと比較してみてほしい。もちろん、省庁の数は現場の政治制度を反映してもいる。連邦制は通常、多くの権限を準国家あるいは地域の行政機構に委ねている。同様に、ほとんどの領域は自前の警察力や司法構造を有していたりもする。中央政府部局に加えて、国家が有していたり発展させたいとしばしば考えるような他の組織や機構が幅広くある。これらに含まれるのは、さまざまな監督機関、国営放送などである。

国家は機構を共有できるのか？

多くの機構は新国家独自のものである一方で、特定の組織や構造が引き続き以前の親国家や植民地宗主国、あるいは隣国とさえ共有されることは知られていないわけではない。これは長らく司法上の、とりわけハイレベルでの問題であった。十二の独立国家――ブルネイ、そしていくつかのカリブ地域や太平洋の島国――は、イギリス枢密院司法委員会を、何らかの形で、彼らの最高の上訴裁判所として使う。しかし、これは変化し始めている。かつて枢密院を使っていた国の中には、現在ではカリブ司法裁判所を使う国がある。同様に、近年では、大使館や外交サービスを共有するのが国々の潮流になってきた。たとえば、カナダとオーストラリアは長年にわたって、相手に代表部がない現場で、お互いの市民に対して領事館業務を提供する合意を持っている。同様に、EUの二十七の加盟国のいかなる市民も、他の加盟国の大使館から領事支援を受けることができる。独立を問う住民投票の準備期間に、スコットランド政府は、イギリスの残りの部分と外交ミッションを共有することに前向きであると発表した。

おそらく、もっとも興味深い共有された機構は元首である。今日まで、十五の国連加盟国は、エリザベス二世を彼らの君主としたままである。[6] これら事例では、通常、在任の総督が日常においては女王を代表している。近年、いくつかの国家はこのやり方を続けるべきかどうか疑問を持ち始めている。いくつかの界隈では、自分たち市民を元首として共和国となるのがより適切ではないかという思いもある。一九九九年、オーストラリアは、国民投票においてこのアイデアを否定した（五十五％―

四十五%）。より最近では、ジャマイカがこの問題を提起した。(7) そして二〇二一年十一月三十日、バルバドスは、女王を置き換え、共和国となったもっとも新しい国となった。別の例では、普通とはいえないが、元首を共有している国にアンドラがある。アンドラの共同公は、フランス大統領とスペインのウルヘル司教である。

国家には自国の通貨が必要か？

多くの国家にとって、国の通貨は主権の本質を表す象徴である。ほとんどの新しい国々は、自分たち自身の紙幣や硬貨を発行したいと考える。しかし、国家が自国の通貨を持たなければならないという公式の要求事項はない。実際、国連加盟国の約四分の一は、他国と別の自国通貨を持っていない。ある場合には、国家集団が自国通貨を持つことを手放し、その代わりに通貨統合に入る場合がある。もっともはっきりとした例はユーロであり、十九のEU加盟国が使用している。別の例は東カリブ・ドルである。六つの独立した国家——アンティグア・バーブーダ、ドミニカ、グレナダ、セントクリストファー・ネイビス、セントルシア、セントビンセントおよびグレナディーン諸島——そして、両方ともイギリスの海外領であるアンギラおよびモンセラトも、この通貨を使っている。中央アフリカ（CFA）フランは西アフリカの八つの国家に使用されている。ベナン、ブルキナ・ファソ、ギニア＝ビサウ、コートジボワール、マリ、ニジェール、セネガル、そしてトーゴである。

国にとっての別の選択肢は、公式または非公式に、別の国家の通貨を使用することである。もっともはっきりしている国家は、アメリカ・ドルを採用している六つの国家である。中央アメリカにあるエクアドルとエルサルバドル、太平洋にある東ティモールとマーシャル諸島、ミクロネシア、そしてパラオである。その他の例として、オーストラリア・ドルを使用しているキリバス、ナウル、そしてツバルが含まれる。レソト、ナミビア、スワジランドは南アフリカ・ランドを使っている。クック諸島とニウエはニュージーランド・ドルを使用している。ヨーロッパでは、リヒテンシュタインがスイス・フランを使う。それから、EUには参加していないが自国の正式通貨としてユーロの使用を選択しているヨーロッパの国が六つある。四カ国はEUの許可を得てそうしている。アンドラ、モナコ、サン・マリノ、そしてバチカンである。もう二カ国である、コソボとモンテネグロは、一方的にそうしてきた。

もっとも一般的には、事実上の国家は自国の通貨をつくり出そうとはしない。その代わりに、自分たちのパトロン国家の通貨や広く受け入れられた国際通貨を使うことがよくある。たとえば、北キプロスはトルコ・リラを使い、ナゴルノ・カラバフはアルメニア・ドラムを使い、南オセチアとアブハジアは両方ともロシア・ルーブルを使う。一つだけ顕著な例外はソマリランドであり、一九九四年にソマリランド・シリングを導入した。とはいえ、ソマリ・シリングも広く使用されている。

国家には自国の軍隊が必要か?

軍隊はしばしば国家性をもっとも象徴するものであり続けてきたが、すべての国々が軍事部隊を有しているわけではない。実際、少なくとも十四の国連加盟国が正式な軍事能力をまったく保持していない。これらのうちもっとも有名なのはアイスランドであり、一八六九年に自国の軍隊を廃止しており、コスタリカは一九四九年に軍隊を撤廃した。しかし、他の国々の中にも——とりわけ太平洋やカリブ地域の島国は——常備軍を手放すことを選択した国もある。

もちろん、このことで、ある国が治安維持能力をまったく持たないということを意味することはほとんどない。ほとんどの事例で、もしある国家が公式の防衛部隊を持たなくても、国内治安維持の目的で準軍事的な警察部隊を維持していることがある。同時に、ある種の措置によって、外部の防衛が大抵埋め合わせている。あるときには、これは外の国との合意であることがある。たとえば、アメリカは、マーシャル諸島に治安維持を提供しているし、ニュージーランドはサモア防衛の合意をしているし、モナコはフランスに防衛される。またあるときには、集団防衛措置がとられていることがある。アイスランドはNATO加盟国である。軍事力を持たない東部カリブ地域三カ国（グレナダ、セントルシア、セントビンセントおよびグレナディーン諸島）の事例では、防衛は、カリブ共同体（CARICOM）加盟国、アメリカ、カナダ、ブラジル、イギリス、それからオランダ、フランスそしてイギリスの同地域の海外領域のパートナーシップである安全保障制度をつうじて提供されている。共有された常設軍事機構の例もある。アメリカとカナダは長年にわたって統合防空組織である、NORAD（北アメリカ航空宇宙防衛司令部）を保持している。

分離独立から生じる、一つ、珍しいがとりわけ重要な防衛上の疑問は核兵器保有に関するものである。今日まで、この問題はたった一つの状況だけで議論の俎上に載った。つまり、ソ連の解体である。この事例において、新国家によって決定されたことは、核兵器を継続して保有する唯一の国はロシア連邦であるということであった。核抑止へのアクセスを失う見返りに、ウクライナは、ロシア、イギリス、そしてアメリカが同国の主権と独立を尊重することを確認する制度を受け入れた（ところが最終的にはそれほどうまくいかなかった）。ところが、この問題はスコットランドの独立に関する議論でも浮かび上がった。この事例では、与党スコットランド国民党が、独立したスコットランドは核兵器から自由であり、スコットランドの土壌にあるいかなる核兵器もイギリスのどこかに移動されると発表したのである。この問題は、原子力潜水艦が停泊する主要なイギリス海軍基地がスコットランドにあり、動かす準備がなかったことによる。スコットランドの独立を問う住民投票が再度実施される場合には、これが再び主要な論点の一つとなり得る。

どのような国家の象徴が必要とされるか？

国家性を示す機構に加えて、新国家は伝統的に独立の象徴を獲得する必要もある。おそらく、もっともはっきりとしているのは〔国〕旗と国歌であろう。国旗の重要性に鑑みて、国々は国旗に何らかの重要なものを取り入れようとするだろう。たとえば、ある配色を使うとか、決まった国民のエンブレムを取り入れることによってである（興味深いのは、キプロスとコソボの二カ国だけが、国旗に自分たちの国家の地図を含んでいることである）。国旗は共通の国民的あるいは政治的な遺産を強調するため、他国と類似の要素を同じように取り入れている場合がある。たとえば、ニュージーランドとオーストラリアの国旗は、他にも例があるが、イギリス国旗を自分たちの国旗のデザインに含んでいる。多くのアラブ諸国は、緑、赤、白、そして黒の配色を使うし、多くのスラブ諸国は、赤、白、青が水平に三色並んださまざまな旗を用いている（スロバキアとスロベニアの国旗は酷似している——さらに一緒に見せられたら多くの部外者は区別することが難しい)。隣り合い、民族的につながりのある、ルーマニアとモルドバの国旗は、モルドバの国旗に紋章があるだけで区別される。この点でもっと混乱するのはルーマニアの国旗がほとんどチャドの国旗と同じであることだ――何の関係もないのに。

同様に、国歌もある国民を象徴するものになり得る。アメリカの「星条旗」、フランスの「ラ・マルセイエーズ」、あるいはドイツの「ドイツの歌」を考えてみよう。国旗のように、国歌も多様である。ある国歌は伝統的で国民的な旋律や歌をもとにしている。またある国歌は、新国家のために特別に作詞作曲されたものであり、一八四七年の独立に合わせて書かれた「万歳、リベリア」、あるいは一九七九年に独立に際して書かれた「セントルシアの息子と娘」や「いと美しきセントビンセントランド」などがある。分断された社会では、国歌は、統一効果をもたらすために意図的につくられている場合がある。スイスは四つの完全に異なる歌詞のまとまりがあり、フランス語、ドイツ語、イタリア語そしてロマンス語で書かれている。しかし、国歌は国ごとにいつも特別なものがあるわけではない。イギリスの「女王陛下万歳」や、リヒテンシュタインの「若きライン川上流に」には同じ旋律がある。キプロスには国歌が二つある。キプロスは、歌詞はないが、ギリシャとトルコの国歌を共有している。

国家性を表す伝統的な象徴と同様に、ある国が自分の存在を国際舞台で主張しようとするときには他にも沢山の方法がある。そのうちもっとも重要なものの一つは、スポーツチームを編成することである。多くの国々にとって、サッカーの国代表は、自分たちのアイデンティティにとりわけ重要な象徴である。同様に、多くの国々はまた、自分たちの国旗がオリンピック競技試合のパレードで使われると強い誇りを感じる(技術的には、国家性はFIFAや国際オリンピック委員会の一員になるための公的な要件ではないのだが）[8]。これ以外にもさらに、ある国にとって重要性を持つ他の象徴が沢山ある。たとえば、国営航空会社は、しばしば国家性の重要な象徴であり続けてきた。今日ではかつてよりもそうではなくなっているかもしれないが。原則的に、何が国家の象徴として機能できるかについて制限はない。郵便切手、動植物（多くの国には国獣や国の植物がある）、国民料理や飲料、自然の絶景、歴史的建造物、あるいは国を体現することに押し並べて使われてきた社会、経済、そして政治制度の重要な達成である。

独立するまでにどれくらいの時間がかかるか？

すべて場合による。同意に基づく分離独立あるいは解体の事例であっても、必要な時間の標準的長さというものはない。事例によっては、国家性を達成するための公式・非公式の準備に長い時間をかけていることがある。別の場合には、独立を問う投票や親国家から合意を得るプロセスが非常に長きにわたり得る交渉プロセスの始まりとなるかもしれない。分離とはどういうことかを定義したり機能する国家機構を設立したりすることと同様に、もし必要であれば、新通貨の発行や流通、そして世界舞台、地域及び国際機構における当該国の立場の引き継ぎ（第六章で論じる）といった事項で責任を継承する手はずを踏まなければならない。

にもかかわらず、場合によっては、独立を問う住民投票と実際に国家性を獲得するまでの間の時間が非常に短いことも確かにある。たとえば、セルビアとモンテネグロの場合、何年も二つの別々の国家として実質的に運営されてきた経緯もあり、非常に速いプロセスだった。二〇〇六年五月二十一日に住民投票が実施され、独立宣言はたった数週間後に行われた。南スーダンでは、独立を問う住民投票が〔二〇一一年〕一月九―十五日に実施され、六カ月後の七月九日に独立が宣言された。別の事例では、〔独立の〕プロセスはもっと長いことがある。スコットランドが独立に票を投じた場合、スコットランドの役人がいうところでは、プロセスは十八カ月以内に完結することが期待されているそうだ。

国は独立後に名称を変えられるか？

変えられる。実際、国家が名前を変えた例は沢山ある。ある事例では、国家の名称変更は政治状況の変化を反映してなされたが、実用面ではよく使われる国名には影響がなかったものがある。たとえば、一九八一年、イランは名前をイランからイラン・イスラム共和国に変更した。別の事例では、国名変更はより実質的なものであり、たとえば、シャムはタイ（一九四九年）、ダホメはベナン（一九七四年）、上ボルタはブルキナファソ（一九八四年）、セイロンはスリランカ（一九九一年）、スワジランドはエスワティニ（二〇一八年）になった。とはいえ、おそらくもっとも有名な国名変更は、二〇一九年はじめにあった、マケドニア共和国が北マケドニア共和国になったときのことであり、同国が州名であるマケドニア旧ユーゴスラビア共和国（FYROM）で国連に認められていたという、隣国ギリシャとの二十七年間にわたる係争を終えたことに続いて行われた。

ほとんどの事例において、国名変更は比較的容易である。国連は単に通報を受ければ十分である。とはいえ、ときどき、国名変更は政治問題を生む。はっきりした例はビルマが一九八九年にミャンマーに国名を変更したことである。国連は、現在では、同国をミャンマーとして加盟国リストに掲載しているが、そしてこの国は大多数の国連加盟国に承認されているが、アメリカはビルマを使い続けている。イギリスは、かつての植民地宗主国だが、ミャンマー（ビルマ）として両方とも使う。アメリカが〔ミャンマーの〕国名変更を拒否するのは、この名前が、選挙に基づかない軍事政権によって変更されたからであり、民主派抵抗勢力に支持されていなかったからである。アメリカ国務省関係者はこう述べた。「わたしたちの懸念……は名前それ自体にあるのではなく、どちらかといえばビルマからミャンマーへの公式名変更がいかに決定されたかというプロセスの方にある」。

国家は国歌や国旗を変えられるか？

国歌や国旗は国家性を表す重要な象徴だが、これらも変わることがある。ある時代から次の時代に移ることを表して変わることがある。たとえば、ジョージアは、前政権を転覆させたバラ革命後の二〇〇四年に国旗を変更した。ボスニア・ヘルツェゴビナとコソボは、これらの独立を支持する諸国家からの外圧で、共和国の民族的包摂性を示すべきとされ、国旗を変更した。より明確なアイデンティティを主張するために変えられることもある。イギリスの国旗を自分たちの国旗のデザインに含めている複数の国家が、これを変えることを決めた。初期の例はカナダであり、現在の楓の葉のデザインは一九六五年に採用された。しかし、ニュージーランドは、国旗がオーストラリアの国旗と似ており混乱を招くが、二〇一六年に実施された国民投票で新デザインが否定された。

それから、以前の国旗に戻した国家の事例がある。一つ興味深い例は、チェコ共和国である。チェコスロバキアの解体の前に、同国では、新しい紅白の国旗を採用するという案が浮上していた。しかし、独立すると、チェコは昔のチェコスロバキアの国旗を使い続ける決定をした。独立時にスロバキアとの間で締結された合意では、これは禁止されていたにもかかわらず。別の事例はマラウイである。マラウイは一九六四年の独立から二〇一〇年まで、トリコロールと日の出を使ってきたが、上りきった太陽を描く国旗に変更した。これには、マラウイが今や完全な国家であるということを示す意味があった。しかし、二〇一二年、議会は元の国旗を再び採用する決定を行った。同様に、国歌も従来のものに戻ることがある。ソ連崩壊後、ロシアは新しい国歌を採用した。しかし、二〇〇〇年、新しい歌詞ではあるが、昔の歌が再び導入された。

第六章　国際社会に参加する

承認はどのように起こるのか？

独立を獲得すると、どんな新国家にとっても最優先事項は国際社会に参加することである。このプロセスの最初の一歩は、他国から承認を得ることである。正式な承認行為という意味では、さまざまに違った方法で行われる。もっとも簡単な方法では、必要な権威を持つ上級幹部――大統領であれ、首相であれ、あるいは外相であれ――が判断し、たとえば、当該国の外相や関連する役職にある人に対する書簡やプレス・リリースと同程度に簡易なものでその旨を知らせる。想定の範囲内かもしれないが、これがもっとも一般的な承認のかたちである。ただし、他にも承認の方法は複数ある。外交代表団の交換や既存の代表団の昇格、たとえば領事館を大使館にする、などがある。公式に国家承認をするまた別の方法としては、新国家の独立記念式典に出席することである。さらに、承認を求める領域の役職者からの書簡や他の伝達物は、もう国家として受け入れられたということにほとんど疑問の余地はない公式の返答である。最後に、二国間条約の署名をつうじて承認の意思が表明されることがある。とはいえ、この方法では問題も生じ得る。その条約が明確に外交や政治的な関係について規定している事例であれば混乱の余地はほとんどない。問題は、たとえば旅券などの問題を扱う非政治的な合意であると、必ずしも正式な承認にまでは至らない可能性がある。その後、当該国が自分たちは非政治的な合意に署名することで領域を承認する意思はなかったと言い張れば、実際にその国が新国家を承認したと主張することは難しい。

承認は、通常は分かりやすい手続きであるが、毎回そうであるとは限らない。たとえば、承認は公式に宣言される必要はない。暗に伝えることもある。あるときには、ある国は承認しますと公式の声明を出さないことがある。もっと正確にいえば、問題となっている国がどのように他国とやり取りするかを参考にしつつ、自分たちの結論をどうするかは他国次第である。このことは相当な混乱を生じさせ得る。ある領域との関与はどの時点で国家性の実際の承認になるのだろうか？　おそらく、このような状況がどのように問題を生むのかに関する最適な例は、二〇〇八年にニュージーランドがコソボの独立宣言に対して公式な立場をとらないと決定したことだ。その代わりに、首相は、オークランドの立場は時間の経過に伴って明らかになるだろうと伝えた。承認問題の緊張度から、この発表によって、ニュージーランドがコソボの承認国リストに加えられるのか否かについて絶え間なく憶測が語られることになったのは不可避であった。最終的には、政府は折れ、コソボを承認したと公式に発表した。[1]幸いにも、黙示の承認はどちらかといえば珍しい傾向にある。ほとんどの国家は自分たちの政策について、とりわけ係争中の国家性に関しては、はっきりさせることを好む。

国家は別の国家を承認するよう強制され得るか？

いいえ、だ。承認は完全に主権に基づく決定である。国家には、別の国家を承認するかどうか、いつ、どのように、なぜ承認するかを決定する自由がある。さらに、世界中の他のすべての国がすでに承認しているとしても、ある国が別の国家を承認しなければならないという義務はない。アメリカ国務長官ジョン・フォスター・ダレスが述べたように、「外交承認は常に特権であり、権利ではない」。ある国家が別の国家を承認したくない場合、承認しろと要求する方法はない――他国から承認せよという強い圧力に直面するであろうけれども。

同様に、他国がそうしなくても、国家はある領域を国家と承認することを憚られることはない。たいてい、諸国家は確立した法的、政治的原則に沿って決定しようとするものである。しかし、ある国が別の国家を承認しようとするとき、そうすることは自由であり、その決定を正当化すべき法的義務はない。第三者が、ある国による別の国の承認を破棄したり無効だと宣言することもできない。たとえば、国連安保理は独立宣言を非難し、各国に対し、一方的に独立を宣言した国家を承認しないようにと要請することはある。ただし、一加盟国がした承認決定を覆すことはできない。国連安保理決議第五四一号〔一九八三年〕が、各国に対し承認しないよう要請しているにもかかわらず、トルコが北キプロスを継続的に承認していることが、この点を非常にはっきりと示している。

集団的承認とは何か?

二国間での承認がもっとも一般的な承認のかたちだが、諸国家がまとまって一緒に行動することを選ぶこともある。これは集団的承認として知られている。二国間承認と同様に、これにもいくつかの形態がある。歴史的にみると、集団的承認は国家創設において決定的な役割を果たすこともあった。

ときおり、諸国家が、新国家の受け入れを検討しようというはっきりとした意思を持って集まることがあり、このプロセスは「会議による承認」として知られている。好例は一九一二―一九一三年のロンドン会議においてアルバニアが承認されたことである。とはいえ、この方法は今日では使われなくなっている。

〔現在〕より重要性の高い集団的承認のかたちは、ある国家が多国間条約に入るときに生じるものである。条文が承認について明確な宣言を含むこともあるが、より一般的には、その条約の一締約国となることが認められた当該国家が単に包摂されることで、承認されたことになる。しかし、二国間条約への署名と同じように、さまざまな締約国による条約の受け入れは必ずしも各国家が互いに承認することを意味するわけではない。たとえば、ケネディ大統領は、一九六三年の核実験禁止条約に東ドイツが参加することはアメリカによる当該国の承認と同じことにはならないとはっきりと述べた。(2) 別の方法としては、ある国家がある種の多国間会議に参加するよう招待されることもある。また同じことだが、そのような招待が承認になることもあるが、当然とはみなされない。たとえば、国家性に関する正式な呼び名も象徴も使わないと確認した上で、お互いに承認し合わない国家の役人がイベントに参加することを認めるメカニズムは存在する。この方法で会議を開催することはギムニッヒ式と呼ばれることがあり、法的拘束力のある決定がなされなかったEU閣僚らの非公式会合から名前が付けられている。その初会合はボンの近くにあるギムニッヒ城で開催された。最後に、集団的承認は、ある国家がある組織への参加を認められたときで、その組織が他国だけで構成されている場合に生じる。このような場合、新国家の参加に同意する国家は、〔当該国家の〕主権的地位を受け入れたと理解される。ただし、この場合でさえ混乱する可能性がある。加盟国のいくつかは、ある国家を認めないが、当該国家が国連のような組織への参加を認められることもある。

より最近では、しかし、「集団的承認」が使われる傾向があるのは、ある国家集団が、しばしばある一つの国際機関において、共同承認決定を行う過程を表現するときである。こちらの好例は、二〇一一年七月、南スーダンの人びとの独立を祝うEUの声明である。[3] 各加盟国の多くは個別の承認声明を出すことを選び、あるいは独立記念式典に代表を送ることもしたが、この共同声明は集団的承認に値する。コソボの事例で生じたように、個別の承認行為につながる集団的協議プロセスと集団的承認を区別することが決定的に重要である。アメリカとEUの重要国は、お互いに、プリシュティナ〔コソボの首都〕とも一緒に、独立宣言に向けて密接に活動した。ところが、これらに続く承認発表は個別に行われた。

承認は諸条件の影響を受けるか?

法律家の中には、承認は諸条件に縛られるべきではないと主張する者がいるが、にもかかわらず、歴史的には国家は承認に際して条件を付けることがよくあった——問題となる領域が国家として承認されるに足る資質を明確に備えているときでさえ。これらの条件の性質はさまざまであったが、国際社会の関心によって、決まって正当化されてきた。確かに、そのような条件はそのときどきのより広い国際関心事項を反映していることがよくあった。たとえば、承認に付されたはじめての条件の中にあったのは、イギリスの要求で、ブラジルが一八二五年にポルトガルから事実上の独立を確立したため、ブラジルは奴隷貿易を放棄せよというものであった（奴隷貿易は一八一五年に国際条約で違法とされ、それ以来この「文明化の標準」に抵抗している唯一の国がポルトガルとその海外領域であった。アメリカは一八〇七年に奴隷の移入を違法にした）。

おそらく、十九世紀と二十世紀はじめに〔付された〕もっとも顕著な条件は、マイノリティの権利の尊重であった。この条件は、十九世紀にギリシャとその他のバルカン諸国に、一九一九年のパリ講和会議ですべての新国家に提示された。この条件は、「文明化」と国際安全保障の両方の理由から正当化された。国民の中の、そして地域内のマイノリティたちは、公平に扱われるよう配慮された。文明化された行いとして、そして対外的な脅威を呈し得る新国家内での紛争を避けるために。近年で、おそらく一番知られているのは、一九九〇年代はじめに旧ユーゴスラビアとソビエト連邦で課された条件である。マイノリティの権利、人権、民主主義と武装解除を約束し実行することが含まれた。

承認に付けられた条件は議論を生む傾向があり続けてきた。なぜなら新国家が、すべての既存国家、特に大国のすべてがこの条件を呑んだわけではないのに、自分たちはその影響を被ると指摘することがよくあるからだ。でも、条件付きであることに対する見方が何であれ、〔条件付き承認は〕継続すると思われる。新国家が無条件に承認を受ける権利があると主張してうまくいったことはない。なるほど、条件付きの実践は、新国家が、それらが所属する権利のある自然な共同体というよりは、メンバー間および自らの行いに規則のある排他的なクラブに入ることを確認するものである。

国家は「脱承認」され得るか？

ときどき持ち上がるまた別の問いは、ある国は別の国家に対する承認を取り下げることができるのかということである。この問題は、長い間国際法専門家の間で見解が分かれてきた。ある国家への承認を取り下げることはできないと考える者もいる。一度承認されたら、法的拘束力のある誓約となる。取り下げることが可能であるとすると、国際システムに不確実性を生む。他方、承認をもたらした環境が変化すれば〔承認の取り下げは〕可能だと主張する者もいる。この二つの立場は、国家は単純に承認を取り下げられないし、問題となっている領域に法的権威を認めないということもできない、という考えにおいては共通しているようだ。今日では無主地（無人地帯）というものはあり得ない。どこかの国家が主権を有しているはずである。そのため、「脱承認」というよりも、承認の切り替えと考える方が良さそうである。

実際には、この方法で承認が移行された事例がある。ツバルとバヌアツは両方ともアブハジアと南オセチアを承認したが、後にこの二つの領域におけるジョージアの主権を受け入れることを決めた。より興味深いことに、奇妙なことではないが、ナウルはアブハジアを承認したが、その後同領域におけるジョージアの主権を受け入れる決定を再び行った。現在、その立場ははっきりとしないままである。また、国際刑事裁判所によるコソボに関する勧告的意見の準備中には、もし裁判所がセルビアに明らかに有利な裁定をしたら、いくつかの国はセルビアの当該領域〔コソボ〕における主権を再承認することに前向きになるだろうという意見もあった。これは起こらなかった。とはいえ、二〇一八年以降、セルビアのキャンペーンの後、少なくとも十五カ国が実際にコソボの承認を取り下げた（いくつかの国ははっきりしない、矛盾する声明を出したため、正確な数字は議論の余地がある）。この意味で、脱承認は可能だが、二つの主体が領域の主権を争っている場合にのみ生じるものである。

国々はどのように外交関係を樹立するか？

承認とは、別の主権国家の存在を受け入れることであるが、外交関係の樹立は、当該国家と正式な関係を創出することである。承認と外交関係の樹立は、よく一緒に行われるが、実際には二つの異なるプロセスである。たしかに、多くの事例で、二国が互いに承認はしているが、外交関係を有していないことがある。これは、看過できない問題があって最初に解決する必要があるからかもしれないし、あるいは公式の直接的な結びつきをつくる喫緊の必要性がないだけかもしれない。

樹立したあとでさえ、外交関係は格下げされたり、停止されたりもする。これが起こるのは、たいてい、二国間で重要な事件が発生したあとである。とはいえ、こうしたことでさえ異なる段階がある。大使は召還するが、大使館は公式には閉鎖しないことも含まれるかもしれない。ときには、あらゆる外交関係が完全に遮断されるかもしれない。一九八〇年にアメリカとイランの間で起こったように。その事例では、スイスがテヘランでアメリカの利害関心を表明し、パキスタンがアメリカでイランの利害関心を表明した（第三国で、別の国の利害関心を表明する国を表す正式な用語は「利益保護国」である）。

国は大使館や在外派遣団を有する必要があるか？

一般的に、国家は、程度の差はあれ、国際社会に関与したいと考えるものである。つまり、大使館、領事館、国際機関への常設代表部のネットワークを拡大する。しかし、国が持つ在外公館の数はかなり異なる。たとえば、アメリカは、世界中に三百以上の公館を有し、フランスとイギリスはそれぞれ百七十程度持つ。多くの小国にとって、沢山の大使館を設置する費用を賄うことは単純に不可能である。そのため、太平洋の小さな島国のいくつかは、数えられるほどしか有していない。たとえば、キリバスは現在たった二つ——フィジーにある高等弁務官事務所と国連常駐代表部——しか在外公館を有しておらず、加えて十の名誉領事館がある。

どこに大使館を設立するか選択するにあたっては、国家はもっとも重要な国家や機構を選ぶ。そのリストの一番上にあるのが国連である。国際的な多国間外交の中心であるため、どの国も国連に常駐代表部を持つ。これにより、お互いの首都に大使館を持っていない国の間で、連絡が確立されるようになる。結局のところ、重要性と、どこに特別なつながりがあるかによって選択されるのが常である。大多数の国々は、ワシントンDCに大使館を持つ。同様に、イギリス連邦やフランス語圏の多くの国は、それぞれロンドンとパリに在外公館を維持している（歴史の急変により、イギリス連邦諸国は他の諸国の首都に、大使館ではなく高等弁務官事務所を持つ。ただし、機能は同じである）。一方、EUも、大使館を設置するのにますます重要な場所になっている。〔EUは〕国ではないが、在EU公館があれば、各国は、ブリュッセルに大きな大使館を持つ二十七の加盟国と、また共通外交政策や貿易を扱うEU諸機関と、相当程度やり取りができる。

なぜ国連の一員であることが重要なのか？

他国から承認を受けることは、しばしば喫緊の優先事項であるが、いかなる新国家にとっても、唯一の最優先の目標は国連加盟国になることである。五十一カ国により一九四五年に設立され、現在は百九十三カ国からなる。一番新しい加盟国は南スーダンで、二〇一一年七月十四日に加盟した。

国連に加盟することが喫緊の課題なのは、そのことによってある政体が、国際社会から国家であると認められていることを確証する、と広く理解されているからだ。一度ある国が国連に加盟すれば、通常、その国の独立と国家性は一般に受け入れられており、疑いの余地もないと考えられる。もちろん、このことは、国連の各加盟国が他のすべての加盟国から承認されていることを意味するわけではない。現在、六つの加盟国が、他のすべての加盟国から正式には認められていない。イスラエル（サウジアラビア、インドネシア、パキスタン、シリア、そしてイラクを含む二十六カ国が承認していない）、中華人民共和国（ホンジュラス、ニカラグア、ハイチを含む十四カ国〔が認めていない〕）、北朝鮮（日本と韓国）、韓国（北朝鮮）、キプロス（トルコ）、そしてアルメニア（パキスタン）である。それにもかかわらず、国連の加盟国になることは、独立の究極的な象徴を示す。そうではあるが、国連それ自体は国家を承認できない、ということも強調しておくことが重要だ。正式にいえば、「国連に承認された国」などというものはない。国家だけが国家を承認できる。

国はどのように国連に参加するのか？

国連加盟のプロセスは国連憲章第二章に書かれている。第四条によると、

一．国際連合における加盟国の地位は、この憲章に掲げる義務を受託し、且つ、この機構によってこの義務を履行する能力及び意思があると認められる他のすべての平和愛好国に開放されている。

二．前記の国が国際連合加盟国となることの承認は、安全保障理事会の勧告に基いて、総会の決定によって行われる。

慣例により、加盟を希望する国家は、まず、事務総長に書簡を提出し、承認を求め、国連の原則に従うと述べる。これに続いて、当該国家は、安全保障理事会からの勧告を受けなければならない。申請が安保理に回されると、委員会に送られ検討される。委員会は、この立候補について、申請国が国家性の要件を満たすか、また国連加盟国としての義務と責任を果たすことができるかについて、報告を作成する。報告が受理され、議論を進められると判断されると、申請は安保理に付される。それから、〔採択には〕安保理の十五カ国中九カ国からの賛成票を獲得する必要がある。同時に、拒否権を持つ五つの常任理事国、つまりイギリス、中国、フランス、ロシア、アメリカから、反対票を受けないことも必須だ。安保理は通常、事務総長から付された申請書を受理するが、毎回そうだとはいえない。たとえば、二〇一一年に、アメリカはパレスチナの加盟申請を拒否した。安保理が加盟国の地位について勧告を出すと、候補国はその後、総会で三分の二の多数から支持を得なければならない。

総じて、このプロセスは非常に速く進められる。たとえば、南スーダンは、独立宣言から一週間もたたないうちに、国連加盟国になった。同様に、モンテネグロは、二〇〇六年六月に加盟国となったが、独立から数週間のうちに加盟することができた。一度完全な加盟国の地位が確保されれば、国家は、国連に関係する幅広い諸機関や組織に参加することができるようになる。これらには、世界銀行、国際通貨基金（ＩＭＦ）、世界保健機関（ＷＨＯ）、国連教育科学文化機関（ＵＮＥＳＣＯ）が含まれる。

国連の一員となることはいつか個別の承認と置き換えられ得るか？

国連に加盟するためには相当程度のコンセンサスが必要であること、それから特定の係争案件において承認をめぐり起こっている論争に鑑みて、国際社会は、国連加盟国の地位に従って集団的承認の正式な制度におそらく移行すべきではないかということが提案されてきた。確かに、一九四五年の国連憲章起草中にさえ、[4] このことは議論された。この点を支持する者たちによれば、国家によって個別の決定はもはやなされない。そうではなくて、それ〔承認の決定〕は、国連加盟の承認プロセスに従って、またはもしかすると、当該決定から政治の要素を取り除くという意味で、国際司法裁判所による評価によって行われるかもしれない。

これはなるほど魅力的なアイデアだ。こうすると個別国家による独断の、または利己的な承認に対処できるだろう。しかし、これは承認の一貫性の程度は高めるかもしれないが、このアイデアは国家から完全に拒否されてきた。こうした国家の目には、このようなプロセスは、別の国家を承認すべきか、いつ承認すべきか決められる、自分たちの主権という特権への受け入れがたい挑戦として映る。こうした理由で、国連のような国際機構による集団的承認が、個別の承認に置き換わるということは、将来的にも極めて可能性が低いだろう。

完全な国連加盟国の地位に代わる選択肢は何か？

国連の完全な加盟国としての地位〔を獲得すること〕は、あらゆる国家にとって最優先に求めることであるのは明白だが、いつも可能なわけではない。たとえば、既述の通り、パレスチナの加盟は、世界のほとんどの国々から支持されているが、アメリカに反対されている。同様に、コソボの加盟は、ロシアと中国の拒否権により阻まれる。

このような状況において、代わりになるような選択肢が複数ある。こうした選択肢の一つ目は、非加盟国あるいは常駐オブザーバーの地位を獲得することである（より正確な定義は「総会の会合や業務にオブザーバーとして参加する継続招待を受け取っており、本部に常駐オブザーバー・ミッションを維持している非加盟国」である）。完全な加盟国の地位とは異なり、これには安保理の承認を必要としない。以前は、これは完全な加盟国になるにあたっての第一歩であると、よくみなされていた。確かに、実践的には、過去にこの地位にあった国はいずれも完全な加盟国となる歩を進めた。オーストリア、フィンランド、イタリア、そして日本が含まれる。現在では、オブザーバーの地位を持っているのはたった二つである。バチカンとパレスチナである。コソボもこの経路をたどるべきという意見もある。しかし、この地位にとどまってしまう恐れがあるため、プリシュティナは状況が変わって完全な加盟国の地位を獲得できるようにならないか様子を見る方が良いようだ。

別の選択肢は、非加盟国であることと並行して行えることだが、特定の国連諸機関の加盟国になることを追求することである。これは、国連への完全な容認はまだであるが、国家として国際的な承認を増やすことができる方法をもたらす。複数の事例で行われてきたことである。たとえば、二〇〇九年六月、コソボは世界銀行とＩＭＦに〔加盟を〕認められた。これが可能であったのは、両組織が、アメリカ、日本、ドイツ、イギリスやフランスのような経済的に強い国々に有利な加重投票制を有しているからである。これらすべての国々が、コソボの独立を支持していた。より最近では、二〇一一年十月、単純多数決投票により（百七票の賛成、四票の反対、五十二票の棄権で）、パレスチナがＵＮＥＳＣＯのメンバーになった。一方、ニウエやクック諸島といった太平洋の島国は、両方ともニュージーランドの自由連合にあり、国連の加盟国ではないが、ＷＨＯやＵＮＥＳＣＯといった、いくつかの国連諸機関のメンバーである。

国家はその他にどの国際機構に参加できるか？

いかなる新国家にとっても、国連加盟国になることは一番の目標だが、新国家が加盟できる機構は他にも沢山ある。これらはいくつかのカテゴリーに分かれ、規模も相当異なる。第一に、地域機構がある。地域機構には、米州機構（ＯＡＳ）、カリブ共同体（ＣＡＲＩＣＯＭ）、ＥＵ、独立国家共同体（ＣＩＳ）、ＡＵ、アラブ連盟、湾岸協力理事会（ＧＣＣ）、東南アジア諸国連合（ＡＳＥＡＮ）、太平洋諸島フォーラム、そして西アフリカ経済共同体（ＥＣＯＷＡＳ）が含まれる。このうち最小はＧＣＣで、たった六つの加盟国しかない。最大はＡＵで、五十五カ国が加盟している。ある場合には、加盟制度は分かりやすい手続きで、当該地域のいかなる新国家にも自動的に開かれている。別の場合には、ＥＵのように、長期間にわたって複雑な手続きがある。国家は、当該機構が持つ複数の規則や原則にしっかりと沿うように求められるような、広範囲に及ぶ加盟プロセスをやり切らなければならない。このプロセスは優に十年以上かかることもある。

地域機構に加えて、他にも新国家が加盟できる組織が沢山ある。いくつか〔の組織〕は、広い意味で同じような政治的コミットメントを共有する国家の緩い集合を代表する。たとえば、非同盟運動は、百二十カ国を擁するが、主要な地政学ブロックとなつながりを持たない国家を代表するものである。たとえばヨーロッパと北アメリカの三十カ国の集団防衛を提供するNATO、あるいはさらに緩い、ロシア、中国と中央アジア四カ国をまとめる上海協力機構のような〔地政学ブロックとは一線を画す〕。他にも重要課題について対話するためのプラットフォームを提供するように設計された組織もある。たとえば、国際移住機関（IOM）は、百五十七カ国の加盟国と十のオブザーバー国に対して「人間的かつ秩序的な移住」に関する助言を提供する。欧州評議会は、四十六の加盟国の間での人権、民主的価値の発展と文化遺産の保存の促進を行う。欧州安全保障協力会議（OSCE）は、ヨーロッパ、中央アジアと北アメリカの五十七国が危機と紛争管理について議論するフォーラムである。

それから、経済交流や発展を促進することを目的とする機構もある。こうしたもののうちもっとも重要な機構の一つは世界貿易機関で、国家間貿易のルールを交渉する場である。他の重要な開発機構は、国際金融機関（IFIs）として知られている。世界銀行やIMFに加えて、欧州復興開発銀行（EBRD）、アジア開発銀行、アフリカ開発銀行、米州開発銀行も〔IFIsに〕含まれる。

さらに、歴史的あるいは文化的なつながりを共有する国家集団のためのクラブを代表するような組織もある。たとえば、イスラム協力機構（ＯＩＣ）は五十七の主にムスリムの国家を束ねる。コモンウェルス（五十三加盟国）やフランコフォニー（五十四カ国）は、それぞれ、イギリス帝国の一部であった国や、フランス語が母国語あるいは広く話されている国が議論するフォーラムを提供している。興味深いことだが、近年、コモンウェルスもフォランコフォニーもこれらの伝統的な描写には合致しない新メンバーを惹きつけてきた。たとえば、かつてポルトガル植民地であったモザンビークが一九九五年に、かつてベルギーとドイツの植民地であったルワンダは二〇〇九年にコモンウェルスに加盟した。一方、タイ（二〇〇八年）、ＵＡＥ（二〇一〇年）、モンテネグロ（二〇一〇年）、メキシコ（二〇一四年）、そしてコソボ（二〇一四年）のすべてがフランス語圏の一部〔フランコフォニーのメンバー〕となった。

国際社会に参加するために他にどのような段階が必要とされるか？

承認を得ることや主要な地域あるいは国際機構に加盟することは、広範な受け入れに向けた重要な歩みであることは間違いない。しかし、新国家が国際社会の完全な仲間入りをするためにする必要があることは他にも沢山ある。これらに含まれるのは、国家間で互いを結びつける実践的な措置を完了することである。たとえば、国際電気通信連合（ＩＴＵ）への加盟は、電話の番号を得るために必須であるし、万国郵便連合（ＵＰＵ）は、ある国をグローバルな郵便制度の一部と認められることを保障する。新国家は二文字と三文字の国コードを得なければならないが、これを発行するのは国際標準化機構（ＩＳＯ）である。インターネットのトップレベルドメイン名〔ドットで区切られた一番右の部分。

.jpや.usなど〕も新国家にとっては重要な目標だ。

主要な政治的、経済的国際機構と並んで、新国家が加盟を希望するであろう政府間機関が他にも沢山ある。たとえば、国際刑事警察機構（ＩＮＴＥＲＰＯＬ）や世界税関機構（ＷＣＯ）があるのは、国家の警官隊や税関当局が海外の相手先とより円滑に協力できるようにするためだ。一方、常設仲裁判所は、争いごとの解決に重要なメカニズムを提供する。同様に、新国家はよく、さまざまな国の機関に、関連する国際的な連合に加盟するよう促そうとするものだ。こうした機構に含まれ得るのは、商業会議所、人道機関、それから専門職団体である。

加えて、ある国家の世界の舞台でのプレゼンスは、いくつか他の方法でも高められる。主要なスポーツや文化イベントに参加することは、国家が誕生したことを大々的に伝える特に重要な方法である。そのため、新国家はしばしば、国際オリンピック委員会（ＩＯＣ）や世界サッカーの運営管理母体であるＦＩＦＡのような組織を重要視する（両組織とも、特定の条件下では、独立していない領域にも扉を開いている）。実際、いろいろな意味で、オリンピック競技やＦＩＦＡワールドカップに参加することは、多くの普通の人たちにとって、公的な政治的あるいは経済的機関に加盟するよりも国家性をより象徴するものである。コソボの独立宣言がなされたときにある外交官が言ったのは、セルビアは、コソボがサッカーワールドカップで試合をするのを見るまで、コソボを国家として受け入れないだろうということだ。これはまだ実現していないが、コソボは二〇一六年と二〇二一年にそれぞれ、リオと東京オリンピック競技に選手を送り込んだ。文化のレベルでは、ユーロビジョン歌謡コンテストのようなイベントも多くの観衆――二〇二一年五月には一億八千三百万人――を惹きつけるので、こうしたイベントに参加することは新国家にとっての重要な目標になる。

国家性が論争になっていない場合には、以上のような段階の多くは単なる形式上のもので、比較的速く完了できることがほとんどだ。国家性が争われている場合には、国家性を主張する者がどの程度政治的な支持を受けているかによって構図がつくられることが多い。あるときには、ある組織のメンバーになれるかどうかは、完全にその組織によることもある。別の組織は、論争を回避するため、国連加盟国であることを判断基準に使うことを選択してきた。一時は、国連加盟国でないある国家のナショナル・サッカー運営組織は欧州のサッカー運営母体であるUEFAに加盟できなかった。しかし、国連関係組織の中には国連加盟国であることを必要としないものもあるため、ここにはほとんどはっきりとした論理はない。たとえば、ITUやUPUは、公式に国連システムの一部であるが、［同組織の］加盟国の三分の二の支持を得られれば、どの国にも開かれている。

国々は分離した地域が承認されることをどのように防げるか？

認められた上で分離した国家が国際機構に加盟することは、通常は論争にならないが、一方的分離の事例では非常に問題になる。一方的分離行為に直面した国家は、激しい外交バトルを繰り広げ、承認をやめさせるか、少なくとも制限させることがよくある。このような分離対策戦略にはいくつかの方法がある。第一に、承認をさせまいとする国家は、あらゆる国に対して、自国はこのような分離の動きに強く反対していると確実に理解してもらわなければならない。他国は新国家を承認するか否かの決定において、親国家の振る舞いをその基準にすることが多い。親国家が最終的には新国家を受け入れるようであれば、他国はこれを分離する領域を、承認しないにせよ、同領域とやり取りする合図ととらえる。国家はいくつかの方法で反対だというシグナルを出せる。たとえば、立場を明確にする声明を発出したり、独立宣言を取り消したりできる。しばしば、国家は自国に現在進行形で主権があるという主張を示したいこともあり、自治体の議会など名目上の機構を維持したり、これらの地域から議員を選出したりする。明らかに、当該地域には物理的なプレゼンスや実効的支配がないことがあるが、国内的かつ国際的な目的のために目に見えるものを維持することが重要なのだ。

第二の方法は、当該国家が他国から承認されたり国際社会に認められたりすることを防ぐべく集中することだ。望むべくは、もっとも強力な武器である集団的な非承認に関する何らかの決定のかたちをとることである。この点について、分離行為を非難する国連決議は理想的な目標だ。これができない場合には、多くのことは国家が持つ同盟関係に依存する。大国は、分離の企てが究極的に成功するか失敗するかの運命を左右するという意味において、必ずしも決定的とはいえないが、非常に重要である。加えて、分離した領域が国連機関や他の組織に加盟することを防ぐことも重要だ。とはいえ、たとえ分離しようとする領域の主要な政治的、経済的組織への加盟の承認や許可を国家が止められたとしても、さらに当該領域がいかなる正統化も受けないようにもしなければならない。なぜなら、それは最終的に広範な受け入れや承認へとつながる道であり、例としてはスポーツや文化イベントへの参加がある。

最後に、法的行為という選択肢がある。これはさまざまな方法でできる。一つはっきりした道筋は、セルビアがコソボとの間でしたように、国際刑事裁判所に事案を持ち込むことである。ただし、他にも追求できる選択肢はあり、なかには私的な個人でもできるものがある。例をあげれば、北キプロスがキプロス共和国の主権下の一部にとどまっており、そしてTRNCが単なるトルコの傀儡政権でしかないという事実は、自分の所有地に戻ることができない一人の難民が欧州人権裁判所に事案を持ち込んだことで、確認された。[5] 主権を確認するための法的な道を追求することは自明の選択肢のようにも見えるが、にもかかわらず、多くの国家はそうすることに慎重である。実際には裁判所が好ましくない結論を戻してくるかもしれないというリスクが常につきまとう。

「台湾化」とは何か?

「台湾化」とは、事実上の国家が、主権を有する独立国家としては承認されていないが、他の国家に広く受け入れられオープンにやり取りするプロセスを指す。この用語は、台湾が、広い承認はもはや享受していないが、にもかかわらず、かなりの国際的な結びつきを維持してきたその方法に由来する。多くの政府と公式化した関係を維持していることに加え、多くの国際機関、オリンピック(に、「チャイニーズタイペイ」として)などスポーツや文化活動にも参加している。実際のところ、この用語は誤った表現である。なぜなら、台湾は技術的には国家性が争われている事例ではなく、政府〔の代表〕をめぐって争われている事例だからである。

用語の正確性にかかわらず、台湾化は事実上の国家にとって、少なくとも短期から中期的な目で見る限り、ずっと、もっとも現実的な外交政策目標であり続けてきた。自分たちには正式な承認を得る望みがほとんどなくても、〔独立の〕自己宣言をした国のほとんどが耐えなければならない孤立化を破るチャンスを与えてくれるからである。時間の経過につれて、より広範に〔関係の〕正常化が進み、承認がついに続いて起こるかもしれないという期待も生む。そのため、多くの親国家は台湾化を非常に切迫した脅威ととらえる。たとえば、キプロス政府は、近い将来ＴＲＮＣが広範な承認を得る期待は低いと信じているが、広範な承認を得る可能性はあると強く認識しているし、〔承認を得れば〕トルコ系キプロス人の再統合という望みを減じるという恐怖を抱いている。北キプロスの台湾化を防ぐことは、それゆえ、ニコシア〔キプロスの首都〕の対分離独立対策としてもっとも重要な目標になってきた。より最近では、コソボがますます多くの事実上の国家から、真似すべきより良いモデルであるとみられるようになってきた――「コソボ化」という用語は、使われてはきたが、やや扱いにくい。

国家はお互いに承認しなくてもやり取りできるのか?

もちろんだ。当該の二国がいずれも国連加盟国である場合、やり取りの問題は通常、他国の存在を法的に認めるという特定の心配というよりも、国内的、国際的に慎重な政治的対応の管理についてである。結局のところ、二国は定期的に総会の議場に一緒に座るのである。たとえば、イスラエルは、同国を正式には承認していない二十六の国連加盟国と連絡を維持しており、なかには相当緊密な場合さえある。

国連加盟国と国連加盟国ではない領域が含まれる場合、状況はやや複雑になり得る。やり取りの程度――よく「承認なき関与」と表現される――はさまざまな要素による。いくつかの事例では、ある国家は事実上の国家との連絡をできる限り最低限にしようとする。あらゆる種類のやり取りをすべて避けるとはいわないまでも、〔事実上の国家が〕独立した政体であることを受け入れておらず、その存在を正当化しない、という態度を見せるためである。別の事例では、非常に限られてはいるが、何らかのかたちのやり取りが起こるはずである。一例をあげると、外国にいる自国民の基本的福祉を保障する国家の責任は、承認国家と同様に未承認国家にも適用される。加えて、未承認国家に対して、親国家との和平プロセスに参加するよう促すことも必要かもしれない。他にも、ある国家は国内の政治的な理由や、国際的なパートナーを敵に回すことを望まないという理由で正式には承認できなくても、事実上の国家と緊密なやり取りをすることにはこの上なく前向きかもしれない。

おそらく、心に留めておくべき最重要事項は、いざ承認するとなったときにどういうつもりだったかが問われるということだ。承認がなされるには、これは国家の明白な望みであったという何らかのはっきりとした兆しがなければならない。偶発的な承認などあり得ない。とはいえ、ある国が他国を承認しないとずっと言い張っていても、協力する余地は多分にある。その結果、承認なき関与に関する許容範囲は相当広い。確かに、こうした関与は過激にも見えることがある。おそらく最適な例は、二〇一三年三月に起こったことで、コソボの外務大臣がアテネでギリシャの外務大臣に歓迎され、記者会見で正式にコソボの外務大臣であると公式に述べられたことである。しかし、ギリシャの外務大臣が、このことは非承認というギリシャの政策を変更することを意味しないと強調したため、承認にはあたらないと考えられている。こうした行為は、あらゆる合理的な措置に鑑みて、実質的には承認にあたるとも解釈され得るけれども。もちろん、意思を要求することは、国家が完全に自由に決められるというわけではない。たとえば、大使館の開設や二国間条約への署名によって正式な外交関係を樹立することは、必然的に承認になるだろう。にもかかわらず、国家が望む場合には、事実上の国家と連絡を取る上でかなりの裁量がある。

第七章　現代的課題と将来的方向性

国家は存在することをやめられるのか？

やめられる。ただ、それはますます普通ではないことになりつつあるが。推定数にはかなりの程度ばらつきがあるが、十九世紀に入って以降、約二百の国家が存在することをやめたと考えられている。それは、平均して一年につき一つの国家が消えたことを意味する。ところが、一九四五年以降は、この数字のうち、たった十かその程度しか消滅していない。これは、より一般的に知られている現象としての「国家の死滅」や「国家の消滅」が、今、国際政治では幾分珍しいということを示唆している。

大まかにいって、国家が存在しなくなる方法は三つある。占領、解体、合併である。伝統的に、占領がもっとも一般的な国家消滅の形態であった。歴史をつうじて、多くの国々が別の国に侵攻され、併合され、それゆえ消滅した。とはいえ、軍事的占領は、今ではかなり珍しい。今日、占領行為は、たとえ何十年も経過した後でも、認められないということが共通の了解事項になっている。最適例は、バルト海に接するヨーロッパの国々――エストニア、ラトビア、そしてリトアニア――が一九九一年にソ連から離れ、これらの主権がアメリカや他の国々に認められたときである。もちろん、ある国の一部が侵攻され、占領される事例をわたしたちが目の当たりにすることもままある。二〇一四年のロシアのクリミア併合がそうだ。そうはいっても、こうした行為が主権国家の消滅を引き起こすことは、今では非常に珍しいことであり――実際、一九九〇年のイラクによるクウェートの強制的併合が、過去数十年の間で唯一の事例である――そしてより広い国際社会から認められるということはほとんど考えられない。国家が存在をやめる第二の方法は、解体である。この明らかな例は、ソ連、チェコスロバキア、ユーゴスラビアの消滅である。第三は、合併である。ある国家が独立を諦め、別の国家と統合するような例があった。一九四五年より後の例には、短命であったアラブ連合共和国（一九五八－一九六一年、エジプトとシリアの間に存在）、タンザニア（一九六四年）、ベトナム共和国（一九七五年）、ドイツ民主共和国（一九九〇年）、そしてイエメン共和国（一九九〇年）がある。

もちろん、それぞれの状況は異なる。たとえば、先に見た通り、南北イエメンの例では、それまで存在した二つの主権を持つ政体が存在しなくなり、その上で、一つの完全に新しい国家が誕生したと理解された。しかし、北イエメンも南イエメンも国連加盟国であったため、新国家は承認手続きを経る必要がなかった。反対に、ドイツ統合においては、東ドイツの五つの州――ドイツ民主共和国――は、ドイツ連邦共和国に加わった。東ドイツは存在しなくなった。

気候変動は国家消滅をもたらし得るか？

前項で説明した国家の死滅の形態に加えて、実際には国家が存在することをやめられると考え得る別の可能性がある――とはいえ、いまだかつて確認されたことがないものだが。本書のはじめに述べた通り、国際法が明確にしているのは、国家性の鍵となる特徴の一つは確定した領域であるということとである。仮にある国家が物理的にその土地を失えば、もはや国家ではない。今日まで、この方法で国家性を失う国が生じるということは純粋に仮定の話だった。現実世界では生じたことがなかった。しかし、地球温暖化と気候変動によって、これが非常に現実味を帯びた可能性のあるものとなっている。今、太平洋とインド洋で少なくとも四カ国――キリバス、モルディブ、マーシャル諸島、そしてツバル――が、海面上昇によって水没するかもしれないという差し迫った危機に直面している。これらの国々は、自らの主権を保全するための方法を積極的に模索しているが、国際社会は、最終的にはこれらの国家がもはや公的には主権を持つ政体としては存在せず、かつ復活する見込みも現実にはないということを受け入れなければならない可能性がある。それから何が起こるのかははっきりとしない。国際問題において、これはまったく前例のない展開といえるだろう。

もちろん、気候変動のせいで国家が消えそうになるならば、承認の撤回問題も真剣に考えられなければならないだろう。現状では、こうした状況を取り上げるメカニズムは存在せず、これまでのところ、政策立案者はこうした状況を真剣に考えたことはない。ところが、これは、単に問題となっている国が存在しなくなったからもう承認もされないというだけの単純な話ではない。どうにかしなければならない二国間の課題、外交財産の所有権や第三国に住む当該国家の市民の今後をどうするかなどもあるだろう。考慮すべき別の要素は、当該国家の国連や他の国際機関の加盟国としての立場だろう。この問題は、多岐にわたる深刻な法的、政治的問題をも引き起こし得る。

ここでわたしたちは国家の二つのタイプ——事実上の国家と「本当の」国家——について考えられるか?

独立を宣言しているがまだ承認されていない分離独立派の領域の興隆について、より興味深いことの一つは、ますます多くの国家がある国には承認されて別の国には承認されない時代という、不思議な新時代にわたしたちが突入しているようだということである。少し前までは、このような状況は馬鹿げていると思われていた。もうそうではない。国際システムにおいて、わたしたちは、各国が受けた承認の程度によって国家を評価することとさえする。

〔国家評価の〕階級の一番上には、国連加盟国で他のすべての加盟国からの完全な承認を享受している国家群がある。それから、国連加盟国ではあるが他のすべての加盟国からは承認を受けていない国が少しある。イスラエル、中華人民共和国、北朝鮮、韓国、キプロスやアルメニアがこれに含まれる。次は、国連には加盟していないが相当程度の承認を受けており、複数の国際機関や制度に何とか参加することができている国である。コソボ、パレスチナ、台湾、それから西サハラがこの分類に入る。これらに続くのは、少なくとも一つの国連加盟国に承認されているが、広範囲な受け入れはほぼなされていない、たとえば北キプロス・トルコ共和国、アブハジアや、南オセチアである(ウクライナのドネツク、ルガンスクといった政体はロシアには承認されているが、総意としては国家性の最低基準さえ満たしていない)。これらに続くのは、国家性の基準を本質的には満たす領域があり、承認を熱望しているが、国連から認められておらず、いかなる国連加盟国からも承認されていない国である。たとえば、ソマリランド、イラクのクルディスタン、トランスニストリア、そしてナゴルノ・カラバフである。もちろん、ソマリランドやクルディスタンのように、いくつかは相当程度に国際的な共感を呼び、幅広く関与しているところもある。反対に、ナゴルノ・カラバフやトランスニストリアは最低限の国際的なやり取りしかしていない。

これらすべてが、沢山の奇妙な関係性や、さまざまな例外を生じさせてきた。限定的な承認しか受けていない領域同士で承認をすることがある。たとえば、かつてソ連にあって分離した国家――南オセチア、アブハジア、ナゴルノ・カラバフや、トランスニストリア――は、すべてお互いに承認し合った。しかし、これらいずれも北キプロス・トルコ共和国を承認していない。一方、北キプロス・トルコ共和国はコソボを承認することはないと思われる。なぜなら、同国はそのお返しに〔コソボから〕承認を受けられることはないと分かっているからだ。トルコはコソボ独立の主要な支持国の一つであり、〔コソボの首都〕プリシュティナはアンカラと良好な関係を維持しているが、コソボはEU加盟国の支持者たちを怒らせたくないのである。同様に、台湾はコソボが独立宣言をして数日以内に承認したが、コソボはそのお返しに台湾を承認することはないと思われる。なぜなら、コソボが国連に加盟しようとすれば、票を必要とする中国を敵に回すことを恐れているからだ。他方、パレスチナは、コソボの国家性の宣言は違法な分離独立行為であるとみなし、コソボの承認を拒否している。最後に、ロシアはアブハジアや南オセチアを承認しているが、トランスニストリアを承認していない。しかし、トランスニストリアは、アブハジアと南オセチアから承認を受けているようだ。

一方的分離への反対について再考するときが来たか?

国家創設の勢いは遅くなったかもしれないが、終わってはいない。準国家集団は、地球の各地域で、裕福な国でも貧しい国でも、民主主義体制下でも独裁主義体制下でも、昔からある国でも最近できた国でも、独立を要求し続けている。親国家の領土保全が国際社会の一般的な期待であるにもかかわらず、〔準国家集団は〕そうするのである。

このことは、国際社会が、領域に対して一方的分離の権利を拒否し続けるべきかどうかという点で疑問を呈する。コソボが示したのは、あらゆる事例で反対することは難しいということであり、一九七〇年代はじめのバングラデシュも同じであった。一方的分離が正統なものとされるべき事例はある。とはいえ、バルカンの事例は、一方的な分離や国家創設の他のタイプに対する、一方的あるいは一時的とは反対の、原則に基づいたアプローチに決定的な重要性があることも明らかにした。地球規模の影響、とりわけ、もし暴力を引き起こすような影響をもたらし得る行為は、明示された一般に適用可能な規範に従って、公に正当化できる必要がある。高位の権威が存在しない、かつ、長らく確立された慣行の変化を解釈するためのしっかりと定着した方法がない国家システムでは、いかなる一方的な変化も、他国、とりわけ大国によって、自分たちの決定を正当化するために使われ、こうした確立した慣行を捨てられる危険がある。これがもっともはっきりとみられたのは、ロシアがコソボを「前例」として引き合いに出し、アブハジア、南オセチア、クリミア、そしてドネツクとルガンスクの一方的分離の承認を正当化したことである。こうした繰り返しが国際法や秩序を損なうのである。

もしかすると、一方的分離に対する全体のアプローチを再考する機は熟しているのかもしれない。一つのアプローチは脱植民地化以前の時代に国際社会の指針であった事実上の国家性の原則に立ち返ることかもしれない。これは正統な利害に関するリベラルな構想と、分離派、親国家、そして第三国の権利のバランスを追求していた。それはいまだに、ときおり、主張されるが必ずしも実践はされていない、二つの中核的原則を基礎としている。第一に、分離派と親国家の国家性に関する対立する主張に強制的な手段で介入しないことである。第二に、これらの政体が対外的な権威から独立しており、主張する領域と人口に実効的な支配を有している政府を維持している限りにおいて——親国家の同意があってもなくても——新国家は承認されることである。

暴力的な分離紛争への対応は単純なことではないが、分離派の主張に直面したとき、親国家の領土保全を肯定する現行のやり方には、技術的な問題と規範的な問題がある。技術的な問題は、出発点として親国家の継続的な統一に第三国が固執していると、分離紛争を仲介するのが非常に難しいことである。紛争当事者の一方が相当弱くなければ、仲介者が争いの中核的な問題に関して中立的でいずれかに肩入れしない限り、仲介は成功する傾向にある。なぜ、ジョージア、アゼルバイジャン、あるいはモルドバは、自分たちの領土保全が国際的に最初から保証されているのに、分離派の領域という地位に甘んじなければならないのか? 分離した領域が親国家による現場での支配に抵抗し得るなら、それらの親国家の領土保全を第三国が肯定すれば、これら三つの事例で起こったように、終わらない紛争と他国が巻き込まれる可能性をつくり出す。それはまた、自分たちの行動の理由を国際的には説明できない事実上の国家を生み出し得る。

重要な規範的問題もある。多くの主要な外交政策家たち——ジョン・クインシー・アダムス、バート・ステュアート、ジョージ・カニング、エイブラハム・リンカン、そしてウッドロー・ウィルソン——は、自国の市民から出てきた国内的挑戦に対して、国家の領土保全を肯定したり守ることは、国際社会のビジネスであるべきでないと主張した。そうすることで、自国内の人びとの取り扱いや希望を無視して国家を永続させてしまうからだ。彼らの見方では、その国の住民から忠誠や忠義を得られるかどうかは各国次第であった。一度忠誠の結びつきが壊れると、承認基準としての事実上の国家性の主格は新国家を形成する当該人口の推定された意思に向けられた。第二章で示唆した通り、通常は分離派と親国家の間には、誰が独立する資格を持っていて、どのような手続きでその資格が実行に移されるのかについて合意がないため、人びとが定住しながら新しい支配者に従属するような安定的で実効的な政体は、人びとが独立国家を構成することを望むという集団的な意思の権威的な表現であると理解される。分離派と親国家の間で分離派の国家性への権利について、あるいはどのような手続きでその権利が行使されるのかについて合意がないことが、いまだにほぼすべての現代分離派の状況を規定する特徴である。

なぜ、承認の基準として実効的な国家性が考慮されるべきなのかについてさらなる理由がある。実効的な国家性は、領域の市民のみならず第三国にも弊害をもたらす、失敗国家性あるいは擬似国家性とは対置される。承認された国家が、自らが〔支配を〕主張する住民と領域を実効的に支配できない場合――コンゴ、アンゴラ、モザンビーク、ジョージア、クロアチア、ボスニア・ヘルツェゴビナ、アゼルバイジャン、モルドバやユーゴスラビア連邦共和国がそうであったように――〔以下の〕二つのうち一つが生じる傾向にあった。国内紛争が続き、その上現地の住民に惨禍をもたらすばかりか外部に漏出する効果も持つ。あるいは、コンゴ、ボスニア・ヘルツェゴビナ、そしてユーゴスラビア連邦共和国がそうであったように、部外者が領域の壊滅を防ぐために力による介入を選んだことがある。

すでに説明した通り、こうした介入は、国際的なプレゼンスがなくなった後に、国内的に正統で持続的な国家が生まれるという確約もないのに、費用がかかり現場では立ち入った関与が必要であるため、しばしば課題をもたらした。介入は、各国が他の社会のために責任を負うという意思について現実には限界があることも露呈した。多くの国がコソボの一方的な独立宣言を認めるという議論の余地のある決定をした。ここには、独立を求め、いかなる犠牲を払ってもセルビアの支配に戻ることがないようにという抵抗の意思を示す、強情な多数派の終わりのない敵対的な統治を約束したことの重荷に耐えるのをやめたいという動機が少なくとも部分的にはあった。

国家性をめぐって紛争が長く続いている場合、対外アクターはその対立の弊害を最小化したり、可能性のある妥協的解決を模索してみるべき事例がまさに生まれようとしているようでもある。重要なことは、〔妥協的解決に〕独立や国境線の変更さえ排除すべきでないということである。国際システムが自己統治の独立国家制度を維持していくならば、達成は困難かもしれないが、既存の国家内での不安定化する情勢の進展に対する一義的な国際的反応は、領域を支配し住民の忠誠を享受する——または適度に享受すると推定され得る——機能する国家を創設することであるべきだと主張できるだろう。新国家が承認されようとするとき、承認の前提条件として、その誕生に付随して生じる係争を解決する方法として、人びとや少数派の権利〔保護〕などの特定の基準を満たしているかを含め、さまざまな条件を満たすことが問われる。

わたしたちが「国家」のない世界を目の当たりにする未来があるか?

国家というアイデアは、今日では、国際的な思考の中で相当染み付いており、国家、あるいはとてもよく似たもの以外の何かが政治組織の基本単位であるという世界を想像することが難しくなっている。それでもなお、わたしたちは国家性という従来の概念から離れるような確かな変動を目撃しているようでもある。

おそらくこの最適な例はEUである。国家からなるが、国際機構とは表現できない。それ以上のものである。ところが、明らかに国家でもなければ、「超国家」でさえもない(「政治共同体」と表現するのが一番だという人もいた)。加盟国は自分たちの法人格と主権を維持しているが、EUも法人格を持ち、他国や組織と条約を結ぶことができる。貿易問題に関して意見をまとめて交渉するが、外交政策の別分野では、加盟国は各個別の決定をする自由を維持している——ただ、自分たちがそう望めば集団的に行動することもできる。

EUは、さまざまに、いかに中小国が、個別の政治構造を維持しながらも、特定の分野ではある程度の集積された主権に便益を見出しているのか、という興味深い例を示す。このアイデアは別のところでも広まっている。わたしたちはEUがするのと同じような方法で、自分たちの主権の要素を集積する別の国家集団を知っている。たとえば、カリブ地域では、共通通貨や統合防衛から単一の司法機関まで、共通の体制が現れつつある。鍵となる問いは、これらの地域集団は現行のハイブリッド体制を維持するのか、はたまた、時間の経過につれて、これらも国家に発展していくのかである。しかし、これらの発展のいずれも運命づけられた方向性には動かない。イギリスがEUから離脱すると決定したこと――ブレグジット――が示すように、人びとが国家に対し国際的な舞台で自律的アクターで居続けるよう求めることは、いまだに根強く優勢であり得る。

国家性はまだ重要か？

昔は確実であった沢山のことが急速に変化し得る世界にわたしたちが生きていることは疑いの余地がない。絶えず進展する国際環境は、国際システムや国際関係の性質について長年抱かれてきた前提の多くに疑問を呈している。国家がもはや唯一の主要な国際アクターでない世界にわたしたちが生きていることは疑いの余地がない。国際機構や大企業が、国際システムの中でますます重要な役割を果たしている。それでもなお、国家はまだまだこのシステムの中心であり続けている。国家はいまだに、わたしたちほとんどの人にとって、基本に立ち返る場所である。国家はいまだに、国際法の第一義的な主体である。国連はいまだに、国家からなる組織である。国々はいまだに、主として国と対話する。以上のような理由から、国家や国家性はいまだに重要である。国家がまだ重要である限り、国家からなる広い国際社会の中で、自分たち自身の独立した主権国家を確立したいと夢を追う人びとは出てくるだろう。

訳者解説──国家が死なない、生まれにくい時代の国際関係

本書は、James Ker-Lindsay and Mikulas Fabry, *Secession and State Creation: What Everyone Needs to Know*, Oxford University Press, 2023. の全訳である。白水社から翻訳書が出版されている『権威主義』や『市民的抵抗』と同じく、オックスフォード大学出版局が手掛ける「みなが知る必要のあること」シリーズの最新書籍のひとつである。

二人の原著者の研究は、国家中心主義の伝統が維持される国際関係において、新国家の創設や独立、国家の国連加盟問題、未承認国家、事実上の国家、係争国家、失敗国家、国家承認あるいは国家による分離派の独立対策といった研究で、必ずといっていいほど参照される重要な研究である。

筆頭著者であるカー＝リンゼイは、「みなが知る必要のあること」シリーズから『キプロス問題』(James Ker-Lindsay, *The Cyprus Problem: What Everyone Needs to Know*, Oxford University Press, 2011) を出版したほか、国際関係論ではほとんど扱われてこなかった国家による対分離独立政策 (Counter Secession) に着目した単著『対分離独立の外交政策──係争国家の承認を防ぐ』(James Ker-Lindsay, *The Foreign Policy of Counter Secession: Preventing the Recognition of Contested States*, Oxford University Press, 2012) と題する書籍を出版している。

第二著者のファブリーも単著『国家を承認する──国際社会と一七七六年以降の新国家設立』(Mikulas

Fabry, *Recognizing States: International Society and the Establishment of New States Since 1776*, Oxford University Press, 2010）をオックスフォード大学出版局から出版している（いずれも未邦訳）。

本書『分離独立と国家創設』は、両著者が十年以上にわたって研究してきた、この分野における議論を、一般向けに分かりやすくまとめた書籍である。カー＝リンゼイが『対分離独立の外交政策』で記している通り、国家承認についてはは国際法分野で研究の蓄積がなされてきたが、国家承認をめぐる政治に関しては国際関係論においてあまり注目されてこなかった。日本国内の研究動向も例外ではない。例えば広瀬陽子『未承認国家と覇権なき世界』（ＮＨＫ出版、二〇一四年）や、今井宏平編『クルド問題――非国家主体の可能性と限界』（岩波書店、二〇二二年）などで「未承認国家」問題が取り上げられている。あるいは、武力紛争研究者や平和維持・平和構築研究者が、失敗国家、破綻国家、脆弱国家等の問題について議論してきた。遠藤貢『崩壊国家と国際安全保障――ソマリアにみる新たな国家像の誕生』（有斐閣、二〇一五年）がある。

また、国境という観点から紛争や未（非）承認国家問題に関する論文が所収された宮脇昇・樋口恵佳・浦部浩之編著『国境の時代』（大学教育出版、二〇二二年）もある。このように日本では、国際法研究のほかに、国際政治学者や地域研究者らによる優れた事例研究は蓄積されてきた。しかし、本書ほど、分離独立や国家創設をめぐる政治について包摂的に議論する日本語の書籍は、現段階ではほとんどないのではないだろうか。

現代を国家性との関係で端的に表現するなら、国家が死なない時代であり、かつ国際社会の完全な構成員という意味での国家が生まれにくい時代といえるだろう。

タニーシャ・ファザルは、『国家の死滅』（Tanisha M. Fazal, *State Death: The Politics and Geography of Conquest, Occupation, and Annexation*, Princeton University Press, 2007＝未邦訳）の中で、国家が死滅する条件を考察した上で、一九四五年以降の特徴は、「国家が死なない時代」と表現できると述べた。二〇二二年にロシアのウクライナ侵攻が発生すると、多くの人にとって考えたくないシナリオではあるが、ファザルの著書が再び注目を集めるようになった。一方、近年、国家は死なないが、失敗国家の数が急増していることも同時に指摘した。外枠としての国家はなくならないが、国家の内部に問題を抱える国が国際社会の悩みの種となった。一九九二年に国連事務総長が『平和への課題』で紛争後平和構築という用語を掲げ、国連や国際アクターは、失敗国家あるいは脆弱国家と呼ばれる国への介入を強めた。

一九四五年以降を歴史的にみると、稀に見る勢いで国家の数が増加した時代であった。ライアン・グリフィス著『分離主義の時代』（Ryan D. Griffiths, *Age of Secession: The International and Domestic Determinants of State Birth*, Cambridge University Press, 2016＝未邦訳）によれば、一八一六―一八六〇年の間、ほぼ百三十程度の国家数が維持されていた。この間、新たに誕生した国家も、死滅した国家もあったが、全体的に見ればほぼ横ばいであった。一八六〇年から一九一四年の間に、新帝国主義時代の中で、国家の六割以上が死滅した。戦間期、そして第二次世界大戦になると、帝国の崩壊から分離独立や自決の要求は高まるも、大国による領域の占領などもあり、新国家の誕生にはつながらなかった。第二次世界大戦後以降、脱植民地化の流れで、独立国家の数が劇的に増加した。かつ、本書で紹介されたような国の分解等の例はあったが、死滅する国家がほとんどなかった。これは本書付録の国連加盟国のリストからも明らかである。もし一九四五年から二〇一五年にあった勢いで国家数が増加し続ければ、世界の国家数は二〇五〇年までに二百六十、二十一世紀末までには三百五十を超えるという試算もある。二〇〇〇年代以降に独立し、国連に加盟したのは東ティモール（二〇〇二年）、モンテネグロ（二〇〇六年）、南スーダン（二〇一一年）のみであり、グリフィスが確認したような第二次世界大戦以降の新国家誕生の勢いが続くかどうかは分からない。とはいえ「国際社会の完全な構成員」あるいは本書で表現されるところの「本当の国家」にならない国家まで数えれば、異なる説明が可能かもしれない。

国家が死なない、国家が生まれにくい時代にあって、失敗国家、未承認国家や事実上の国家といった、国家か国家でないのかの間のグレーゾーンにある国・領域との関係を、日本は、他国はどうするかが、国際関係上の重要な課題となっている。

その最たる例がパレスチナだろう。本書でもたびたび言及されているが、二〇二三年秋以降、イスラエル・パレスチナ情勢が悪化する中で、パレスチナの国連加盟問題が注目を集めている。パレスチナは、二〇一一年にも国連加盟申請を行ったが、完全な加盟国とはなれず、二〇一二年から国連のオブザーバーという立場にある。そのパレスチナが、二〇二四年四月二日に、完全な加盟国となるべく申請を行った。四月十八日、パレスチナの国連加盟申請決議案（S/211/592）に対し、国連安保理十五カ国中、日本を含む十二カ国が賛成したが、イギリスとスイスが棄権、アメリカが拒否権を発動した。決議案は採択されず、パレスチナは今回も国連の完全な加盟国にはなれなかった。その後、国連総会は緊急会合を開き、五月十日、百四十三カ国の賛成により、パレスチナの国連加盟を安保理で再検討するよう要請するとともに、パレスチナの国連での権利拡大を認める決議を採択した。専門家によれば、安保理ですぐに加盟国申請が認められる可能性が見えない中で、パレスチナが国連でできることを広げていき、他の国連加盟国と同じだといえるよう事実を積み重ねていくことで、国連加盟を達成する目論見もあるという。日本は、安保理で決議案に賛成票を投じた際、パレスチナの国連加盟を承認することと、パレスチナを国家として承認することは別だという説明を行った。一方、二国間で行われる国家承認数が必ずしも多くなくても、国連加盟を果たして「未承認国家」が国際社会の完全なメンバーのように振る舞う先例になるのではないかと恐れる声もある。このような状況にある「国」とどう付き合っていくのか？　これが現代国際関係においてますます重要になっている。

国家性要件とは何か？　国家たり得ない国家をどう理解するか？

本書が貫く問いを訳者なりにまとめるならば、「国家性要件とは何か」という問いと、「伝統的な意味では国家たり得ない国家をどう理解するか」といえるだろう。一つ目の、国家性要件とは何か、については、本書で詳述されている通り、しばしば参照される（が、実は地域的な条約である）モンテヴィデオ条約の四条件として、（1）確定した領域、（2）永住人口、（3）政府、そして（4）他の国家と関係を取り結ぶ能力を示しつつ、原著者はさらに、他国からの承認に重きを置く。国際法学者らの間では、承認は重要ではないという学説が有力であると認めながら、現実の国際政治では「承認は不可欠」であるとして、承認をめぐる国際政治をまとめているのが本書の特徴といえる。

承認と大きく関係するのが、「伝統的な意味では国家たり得ない国家をどう理解するか」という問

		被承認アクター			
		国家	事実上の国家		
承認付与アクター	国家	伝統的国家間関係	多数の承認を得た国家	複数国から承認を得た国家	文字通りの未承認国家
		失敗国家	← 伝統的国家間関係参加への接近度		
	事実上の国家	事実上の国家との承認なき関与	事実上の国家同士の承認現象		

図１　伝統的・非伝統的国家間関係（訳者作成）

いである。図は、訳者が作成した、本書全体の理解するための見取り図である。国際政治の中心アクターは国家である。国際社会の構成員として認められた国家である。これに加えて、本書の重要なアクターである「事実上の国家」をもう一つのアクターとする。両方とも、承認を付与するアクターにもなれば、承認を受けるアクターにもなる。そこで、「承認付与アクター×被承認アクター」の組み合わせで、国家×国家、国家×事実上の国家、事実上の国家×国家、事実上の国家×事実上の国家という四つの組み合わせをつくる。

（1）国家×国家——伝統的国家間関係と失敗国家

伝統的な国際政治あるいは国家間関係における承認・非承認は、最初の国家×国家の枠組みで行われる議論である。本書にもあったように、国連加盟国であることは国際社会の正統な仲間として認識される上で非常に重要であるが、国連に加盟すればすべての他の国連加盟国との間で国家承認プロセスを経なくて良いというわけではない。日本は、国連加盟国数よりも多い百九十五カ国を承認している。うち国連加盟国でない国は、バチカン、コソボ、クックおよびニウエである。反対に、国連加盟国だが日本が承認していないのは北朝鮮である。北朝鮮を承認している国の数は百五十六である（二〇二三年）。イスラエルとパレスチナの例を挙げれば、イスラエルは百六十以上の国から、パレスチナは百四十以上の国から承認されている（二〇二四年五月時点）。北朝鮮とイスラエルは国連加盟国であるが、国連加盟国三十カ国前後の国から承認されていない。パレスチナは国連オブザーバーであり、五十の国から承認されていない。この差だけを考えてみると、国際社会の完全な構成員としての国家とそうでない国家を分けるに十分な差といえるだろうか？

国家×国家の枠に点線を引いて、下方に「失敗国家」を入れた。失敗国家は、領域や人口、さらには他国からの承認という国家性要件を備えているにもかかわらず、政府が十分に機能していないために、国民の安全や生活が守られない国家である。国際政治学において、紛争後の平和構築や開発支援の文脈で研究されてきたように、脆弱な政府に対するガバナンス（再）構築支援や、東ティモールで行われたような国連による暫定行政統治が展開された。これらは、国家構築を支援するという意味では国家間関係の枠内にある。本書の第一章から第三章も、基礎事項や歴史をたどりながら、基本的には国家間関係の中で、分離独立や国家創設がどのように行われ、国家性要件や承認をめぐる政治がどのように発展してきたかを中心に議論する。

（2）国家×事実上の国家および事実上の国家×国家

一方、本書の後半では、分離独立と国家創設をめぐる「非伝統的」な国際政治が論じられている。

事実上の国家は「未承認国家問題」としても扱われるように、国際社会を構成する他の国家からほとんど承認を得ていない国家から、限定的な数の国家からの承認は得ていて、いくつかの国際機構にも何らかの形で参加している国家、さらには多数の国家から承認を得ており、国連機関加盟国などにも名を連ねる国家まである。

さらに踏み込んだ例が、事実上の国家が国際社会の完全な構成員となっている国家に接近する場合である。図では、便宜的に承認付与アクターを事実上の国家、被承認アクターを国家とした。国家の側は、事実上の国家を承認することはしないが、承認しないままどのように関与していくかが差し迫った課題となっている。原著筆頭著者のカー＝リンゼイは、別の研究者とともに学術雑誌 *Ethnopolitics* で「承認なき関与」特集号を組み、その内容を、事実上の国家への承認なき関与をめぐる国際政治をテーマとする書籍にまとめた（Eiki Berg and James Ker-Lindsay, *The Politics of International Interaction with De Facto States: Conceptualising Engagement without Recognition*, Routledge, 2019）。

（3）事実上の国家×事実上の国家

もう一つ、伝統的な国家間関係では扱われないのが、事実上の国家同士の承認や関係をめぐる政治である。本書でも事例が取り上げられているように、南オセチア、アブハジア、ナゴルノカラバフや、トランスニストリアといった事実上の国家に対する、ロシアによる国家承認はメディアでも話題となった（国家×事実上の国家）。これらの事実上の国家がお互いに承認する、片方は承認するが、相手側は承認しない、といった関係が生じているのである。事実上の国家同士の承認・未承認は、ここで挙げた例でロシアが重要アクターであるように、往々にして大国の思惑や周辺国との政治が絡んでおり、国際政治上も見過ごせない話題となってきている。

以上のように、本書は、国家×国家の関係では見えない、国家と伝統的な意味では国家でない存在の間にある政体を知り、国家をテーマに国際政治を考える視座を提供してくれる。

なお、英語の secession は、本文にある通り、語源は「離脱すること」である。しかし、ある領域が独立国家となることも、他の領域との合併などで独立国家にはならないこともある。書籍のタイトルも、文章での説明も、「分離」のみでは分かりにくくなるため、本書では「分離独立」という訳を基本とし、必要に応じて「分離」に留めた箇所がある。加えて、訳者の専門である国連等の文脈で、原著より厳密な説明が可能な部分には〔　〕で補足した。

本書の活用アイデア

原著筆頭著者のカー＝リンゼイ氏は、分離独立や国家創設にかかわる問題を含め、国際関係の時事問題を短時間で解説した動画を頻繁に YouTube に掲載している（https://www.youtube.com/c/JamesKerLindsay/Join）。チャンネル登録者数は、二〇二四年七月の時点で十八万人である。日本語の字幕が利用可能な動画もいくつかあるが、本書の内容に関心がある方なら英語の動画でも十分理解可能だろう。

本書を読み進めながら、カー＝リンゼイ氏の動画解説を見て、理解を深められるかもしれない。大学教員が本書の内容を授業で扱いながら、予習復習などに動画を組み合わせて活用するのも一案だ。

＊＊＊

翻訳を手掛けた『市民的抵抗』の校正直後、同じシリーズから出版された『分離独立と国家創設』を読み、本書も日本語で読まれるべきと考えた。今回も白水社の編集者・竹園公一朗さんに相談し、出版までご支援いただいた。原著の筆頭著者であるカー＝リンゼイ氏にも連絡を取った。もちろん、翻訳の責任は訳者にある。本書は、科研費・若手研究（課題番号20K13432）および科研費・基盤研究（C）（課題番号24K04744）の成果の一部である。

国家の分離独立は、内戦や和平プロセス、国連の役割に関心を持つ訳者の研究に、切っても切れないテーマであり続けてきた。最後に、それぞれの国に生きる人びとの目線から、分離独立や国家性にまつわるエピソードをいくつか紹介したい。

大学院生時代の二〇〇八年、インドネシアから分離独立してから六年後の東ティモールを訪れた。外国アクターの関与が強い一方、都市と地方を結ぶ道はデコボコどころではなくデッコンボッコンだった。市民が暴動のトラウマを抱えて、暴動発生現場であった市場で活動を再開できていなかった。新国家が平坦でない道のりを歩んでいる姿を垣間見た。

二〇一〇―二〇一二年には、外務省専門調査員として在スーダン日本国大使館に勤務し、南部スーダン住民投票の国際監視を含め、南スーダンの分離独立と新国家建設プロセスに立ち会った。票を投じるのは人生初だと涙を流しながら投票するお婆さんの姿を見て、翻って日本やその他の国での選挙の投票率や政治への関心の低さを考えずにはいられなかった。

南スーダンが分離する前のスーダンは、国土面積二百五十万平方キロメートルとアフリカ最大で、日本の国土面積の六・六倍あった。同国出身の知人は、訳者にこう呟いた。「スーダンの将来は誰にもわからない。南スーダンのように、（領域が）三つも四つも離れていくかもしれない」。そして、スーダンでは、二〇二三年四月から紛争が続いている（人道援助コングレス東京２０２４「スーダンに関心を」二〇二四年五月二十四日、https://youtu.be/pxX_Bo5oTNU）。

二〇二四年一月一日には、未承認国家「ナゴルノ・カラバフ共和国」が消滅した。住民は残留するか去るかの判断を迫られ、多くのアルメニア人がアルメニアに避難した。

わたしたちは数字ではない、一人一人に顔があり、人生がある――と、イスラエルと長らく対立関係にあるパレスチナにルーツを持つ若者らは、ニュースで報じられる死傷者数等の数字からは見えてこない、紛争や暴力の犠牲者たちの写真と、一人一人がどんな人生を生きたかを記録する We Are Not Numbers 運動を展開している。

国家性をめぐる国際政治は、学術的な議論にとどまらず、一人一人の人生に影響を及ぼす。分離独立と国家創設の歴史と課題を知り、世界の異なる国・地域でさまざまな人が置かれた状況を理解する上で、本書が少しでも読者の皆様の助けになることを願う。

友・同僚・母親仲間であった怡臻とポーリーンに本書を捧げる

二〇二四年七月

小林　綾子

訳者略歴

小林綾子（こばやし・あやこ）
一九八五年生まれ。一橋大学大学院法学研究科博士後期課程修了。博士（法学）。現在、上智大学総合グローバル学部総合グローバル学科准教授。在スーダン日本大使館専門調査員、米ハーバード・ケネディ・スクール研究員などを経て現職。専門は、国際政治学、紛争・平和研究、国際機構論、グローバル・ガバナンス。主な著書に「アフリカの内戦における人道アクセス問題と反乱軍」『国際政治』第一八六号、「紛争再発と和平合意」『国際政治』第二一〇号、「国連平和活動とローカルな平和」『国連研究』第二二号他。主な訳書にチェノウェス『市民的抵抗』（白水社）他。

分離独立と国家創設
係争国家と失敗国家の生態

二〇二四年　八月二〇日　印刷
二〇二四年　九月一〇日　発行

著　者　ジェイムズ・カー＝リンゼイ
　　　　ミクラス・ファブリー
訳　者 © 小林綾子
発行者　岩堀雅己
印刷所　株式会社三陽社
発行所　株式会社白水社
東京都千代田区神田小川町三の二四
電話　営業部〇三（三二九一）七八一一
　　　編集部〇三（三二九一）七八二一
振替　〇〇一九〇・五・三三二二八
郵便番号　一〇一・〇〇五二
www.hakusuisha.co.jp
乱丁・落丁本は、送料小社負担にてお取り替えいたします。

誠製本株式会社

ISBN978-4-560-09119-7

Printed in Japan

索　引

あ行

か行

さ行

た行

な行

は行

ま行

や行

ら行

わ行

略語一覧

AU	アフリカ連合
ASEAN	東南アジア諸国連合
CARICOM	カリブ共同体
CIS	独立国家共同体
EBRD	欧州復興開発銀行
EBU	欧州放送連合
ECOWAS	西アフリカ経済共同体
EPLF	エリトリア人民解放戦線
ETA	バスク祖国と自由
EU	欧州連合
FRY	ユーゴスラビア連邦共和国
FAO	国連食糧農業機関
FIFA	国際サッカー連盟
FRETILIN	東ティモール独立革命戦線
FRG	ドイツ連邦共和国（西ドイツ）
FYROM	マケドニア旧ユーゴスラビア共和国
GAM	自由アチェ運動
GCC	湾岸協力理事会
ICJ	国際司法裁判所
GDR	ドイツ民主共和国（東ドイツ）
IAEA	国際原子力機関
ICAO	国際民間航空機関
IFIs	国際金融機関
IMF	国際通貨基金
IMO	国際海事機関
INTERPOL	国際刑事警察機構
IOC	国際オリンピック委員会
IOM	国際移住機関
IRA	アイルランド共和軍
ISO	国際標準化機構
ITU	国際電気通信連合

KRG	クルディスタン地域政府
LTTE	タミル・イーラム解放の虎
NATO	北大西洋条約機構
NKR	ナゴルノ・カラバフ共和国
NORAD	北米航空宇宙防衛司令部
NSGT	非自治地域
OAS	米州機構
OIC	イスラム協力機構
ONUC	国連コンゴ活動
OSCE	欧州安全保障協力機構
PKK	クルディスタン労働者党
PMR	沿ドニエストル共和国
PRC	中華人民共和国
ROC	中華民国
R2P	保護する責任
RS	スルプスカ共和国
RSK	クライナ・セルビア人共和国
RSS	地域安全保障システム
SADR	サハラ・アラブ民主共和国
SFRY	ユーゴスラヴィア社会主義連邦共和国
SNP	スコットランド国民党
SPLA	スーダン人民解放軍
TRNC	北キプロス・トルコ共和国
UAE	アラブ首長国連邦
UAR	アラブ連合共和国
UDI	一方的独立宣言
UEFA	欧州サッカー連盟
UK	グレートブリテンおよび北アイルランド連合王国
UN	国際連合
UNESCO	国連教育科学文化機関
UNPO	代表なき国家民族機構
UPU	万国郵便連合
US	アメリカ合衆国
USSR	ソビエト社会主義共和国連邦
WHO	世界保健機関
WTO	世界貿易機関
ZANU	ジンバブエ・アフリカ民族同盟
ZAPU	ジンバブエ・アフリカ人民同盟

註

第一章　国際政治における国家性と分離独立

（1）“Say goodbye to the weirdest border dispute in the world,” *The Washington Post*, August 1, 2015.

（2）“Country Codes — ISO 3166,” International Organization for Standardization https://www.iso.org/iso-3166-country-codes.html. ISO国別コードを持っているが国連加盟国でない領域には以下が含まれる。オーランド諸島、アメリカ領サモア、南極大陸、ブーベ島、イギリス領インド洋地域、クリスマス島、フォークランド諸島、フェロー諸島、フランス領ギアナ、フランス領ポリネシア、フランス領極南諸島、ジブラルタル、グリーンランド、ガーンジー、ハード島およびマクドナルド諸島、香港、ジャージー、マカオ、モンセラート、ニューカレドニア、ピトケアン、レユニオン、サン・バルテルミー、サン・マルティン、サン・ピエールおよびミクロン、セント・マーチン、サウスジョージアとサウスサンドウィッチ諸島、スヴァールバルおよびヤンマイエン島、タークス・カイコス諸島、合衆国領有小離島、英領ヴァージン諸島、ヴァージン諸島（合衆国）、および西サハラである。イングランド、スコットランド、およびウェールズはそれぞれのISO国別コードを享受していない。そうではなく、これらは正式にイギリスの下位区分としてリストに記載されている。

（3）“An Agenda for Peace: Preventive Diplomacy, Peacemaking and Peace-Keeping,” Report of the Secretary-General Pursuant to the Statement Adopted by the Summit Meeting of the Security Council on 31 January 1992, Security Council Documents S/24111, June 17, 1992, paragraph 17.〔パラグラフ17および18の要点は、国際関係の中心である国家概念を維持しながら、国内の少数派の状況改善を図ることについてである〕

（4）International Court of Justice, “Accordance with international law of the unilateral declaration of independence in respect of Kosovo (Request for Advisory Opinion),” July 22, 2010.

（5）旧ユーゴスラビア国際刑事法廷（ICTY）参照。http://www.icty.org/.

（6）“The Responsibility to Protect,” Report of the International Commission on Intervention and State Sovereignty, 2001; “2005 World Summit Outcome,”

United Nations General Assembly, September 15, 2005, paragraphs 138-139.

第二章　旧ルール——分離独立と国家創設、一七七六—一九四五年

(1)　スワードが述べたように、対外国家は「完全にかつ疑問の余地なく、自国の独立と恒久的に確立した主権を有する新国家を承認できるし、承認すべきでさえある」そして「そうした事例における承認は、新国家が離れようとする国の政府への攻撃の正当な理由を提供しない」。スワード国務長官発アダムス駐英アメリカ公使宛、国務省、ワシントン、1861年4月10日。

(2)　Woodrow Wilson, "Appeal for Support of the League of Nations at Pueblo, Colorado," in Mario R. DiNunzio (editor), *Woodrow Wilson: Essential Writings and Speeches of the Scholar President* (New York: New York University Press, 2006), p. 412.

第三章　現代的ルール——自決と脱植民地化、一九四五—一九九〇年

(1)　"Declaration on the Gathering of Independence to Colonial Countries and Peoples," UN General Assembly Resolution 1514, December 14, 1960.

(2)　UN Security Council Resolution 143, July 17, 1960.

(3)　UN Security Council Resolution 541, November 18, 1983.

(4)　UN General Assembly Resolution 3485 (XXX), December 12, 1975, and UN Security Council Resolution 384, December 22, 1975.

(5)　International Court of Justice, "Western Sahara," Advisory Opinion, October 16, 1975.

(6)　UN Security Council Resolution 690, April 29, 1991.

(7)　西サハラを現在承認している国家には、南アフリカ、ナイジェリア、イラン、メキシコ、キューバ、ジャマイカ、ニカラグア、エルサルバドル、ホンジュラス、その他最近国連加盟国になった南スーダンや東ティモールが含まれる。他の国家——インドやペルーなど——は西サハラを承認し、それからその決定を取り下げるか棚上げした。ある国々、たとえばモーリシャスなどは、承認を凍結したり取り下げたりさえし、それから回復した。

第四章　ルール変更？——現代の分離独立、一九九〇年以降

(1)　UN General Assembly Resolutions 46/4, 46/5. and 46/6, September 17, 1991.

(2)　UN General Assembly Resolution ES-11/1, March 2, 2022.

(3)　UN Security Council Resolution 777, September 19, 1992.

(4) 通常、国々が国連に〔加盟国として〕認められるのは――グループでよりも――一カ国ずつである。しかし、東ドイツと西ドイツは、1973年9月18日、一つの決議、つまり国連総会決議3050（XXVIII）で認められた。興味深いのは、朝鮮民主主義人民共和国（北朝鮮）と大韓民国（韓国）も、1991年9月17日に、一つの決議、つまり国連総会決議46/1で認められた。
(5) UN General Assembly Resolution 390(V), December 2, 1950.
(6) "Joint Statement on the Nagorno-Karabakh Conflict by U.S. President Obama, Russia President Medvedev, and French President Sarkozy at the L'Aquila Summit of the Eight, July 19, 2009," White House, July 10, 2009.
(7) たとえば、次を参照。"General Assembly Adopts Resolution Reaffirming Territorial Integrity of Azerbaijan, Demanding Withdrawal of All Armenian Forces," United Nations Department of Public Information, March 14, 2008. 投票は37対7〔賛成対反対〕、棄権100で採決された。決議に反対した7カ国は、アンゴラ、フランス、インド、ロシア連邦、アメリカ合衆国、およびバヌアツである。
(8) "Memorandum of Understanding between the Government of the Republic of Indonesia and the Free Aceh Movement," August 15, 2005.
(9) "Constitutional Charter of the State Union of Serbia and Montenegro, "Adopted in Belgrade, January 27, 2003, http://www.worldstatesmen.org/SerbMont_Const_2003.pdf.
(10) International Court of Justice, "Accordance with international law of the unilateral declaration of independence in respect of Kosovo (Request for Advisory Opinion)," July 22, 2010. See also Marko Milanovic and Michael Wood (editors), *The Law and Politics of the Kosovo Advisory Opinion* (Oxford: Oxford University Press, 2015).
(11) UN General Assembly Resolution 68/262, March 27, 2014.
(12) Supreme Court of Canada, "Reference re Secession of Quebec," August 20, 1998.
(13) An Act to give effect to the requirement for clarity as set out in the opinion of the Supreme Court of Canada in the Quebec Secession, July 29, 2000.
(14) "Agreement between the United Kingdom Government and the Scottish Government on a referendum on independence for Scotland," Edinburgh, October 15, 2012.
(15) "Scottish parliament votes for second independence referendum," *The Guardian*, March 28, 2017.
(16) "Tillerson says Kurdish independence referendum is illegitimate," *Washington Post*, September 29, 2017.
(17) 2022年はじめの時点で、中華民国をまだ承認している国連加盟国は、

ベリーズ、グアテマラ、ハイチ、ホンジュラス、マーシャル諸島、ナウル、パラオ、パラグアイ、セントクリストファー・ネイビス、セントルシア、セントビンセントおよびグレナディーン諸島、エスワティニ、そしてツバルである。

（18） “Bougainville Peace Agreement,” August 30, 2001, http://peacemaker.un.org/png-bougainville-agreement2001.

第五章　独立と国家性たらしめる機構

（1） United Nations Security Council Resolution 777, September 19, 1992.

（2） “Belgium and the Netherlands Swap Land, and Remain Friends,” *The New York Times*, November 28, 3016.

（3） “Agreement on Succession Issues,” Vienna, May 25, 2001, https://treaties.un.org/doc/source/recenttexts129-1.pdf.

（4） Treaty Concerning the Establishment of the Republic of Cyprus, Signed at Nicosia, on August 16, 1960.

（5） “Citizenship,” Government of Montenegro, Government of Montenegro, https://www.gov.me/en/article/citizenship; "Citizenship," Ministry of Foreign Affairs and International Cooperation, Italy, http://www.esteri.it/mae/en/italiani_nel_mondo/serviziconsolari/cittadinanza.html; "The Law of Return," The Jewish Agency for Israel, https://archive.jewishagency.org/first-steps/program/5131

（6） イギリスに加えて、アンティグア・バーブーダ、オーストラリア、バハマ、ベリーズ、カナダ、グレナダ、ジャマイカ、ニュージーランド、パプアニューギニア、セントクリストファー・ネイビス、セントルシア、セントビンセントおよびグレナディーン、ソロモン諸島、そしてツバルである。

（7） “Jamaica unveils plan to ditch Queen as head of state,” *The Telegraph*, April 16, 2016.

（8） 国際オリンピック委員会は、206のナショナル・オリンピック委員会を傘下に持つ。これには、193の国連加盟国に加え、アメリカン・サモア、アルバ、バーミューダ、ケイマン諸島、中国台北、クック諸島、グアム、香港（中国）、コソボ、パレスチナ、プエルトリコ、ヴァージン諸島（イギリス）、そしてヴァージン諸島（アメリカ）が含まれる。FIFAのメンバーである211の国は、国連加盟国各国からなるが、ただしキリバス、マーシャル諸島、ミクロネシア、モナコ、ナウル、パラオ、ツバル、イギリスを除く。なぜならこれらはイングランド、スコットランド、ウェールズ、そして北アイルランドと四つの国々で試合するからである。他のメンバーには、アメリカン・サモア、アンギラ、アルバ、バーミューダ、イギリス領ヴァー

ジン諸島、ケイマン諸島、中国台北、クック諸島、キュラソー、フェロー諸島、ジブラルタル、グアム、香港、コソボ、マカオ、モンセラート、ニューカレドニア、パレスチナ、プエルトリコ、タヒチ、タークス・カイコス諸島、そしてアメリカ領ヴァージン諸島がある。

(9) "Background Briefing on Burma," US State Department, April 4, 2012.

第六章

(1) "Kosovo: PM explains why no formal statement from NZ," *New Zealand Herald*, February 18, 2008; "New Zealand recognizes Kosovo," *Balkan Insight*, November 9, 2009.

(2) President John F. Kennedy, News Conference 59, August 1, 1963.

(3) "Declaration by the EU and its Member States on the Republic of South Sudan's Independence, 9 July 2011," 12679/11, European Union, July 9, 2011.

(4) United Nations, *Documents of the United Nations Conference on International Organization, San Francisco, 1945*, Volume VII (London and New York: United Nations, 1945-1946), p. 30.

(5) European Court of Human Rights, Loizidas v. Turky (no. 15318/89), Judgment (Merits), November 28, 1996.

付録A：1945年以降の国連加盟国数の増加

1945年（51）	アルゼンチン、オーストラリア、ベルギー、ボリビア、ブラジル、白ロシア・ソビエト社会主義共和国（ベラルーシ　1991年）、カナダ、チリ、中国、コロンビア、コスタリカ、キューバ、チェコスロバキア、デンマーク、ドミニカ共和国、エクアドル、エジプト、エルサルバドル、エチオピア、フランス、ギリシャ、グアテマラ、ハイチ、ホンジュラス、インド、イラン、イラク、レバノン、リベリア、ルクセンブルク、メキシコ、オランダ、ニュージーランド、ニカラグア、ノルウェー、パナマ、パラグアイ、ペルー、フィリピン共和国（フィリピン　1947年）、ポーランド、サウジアラビア、シリア、トルコ、ウクライナ・ソビエト社会主義共和国（ウクライナ　1991年）、南アフリカ連邦（南アフリカ　1961年）、ソビエト社会主義共和国連邦（ロシア連邦　1991年）、イギリス、アメリカ、ウルグアイ、ベネズエラ、ユーゴスラヴィア
1946年（55）	アフガニスタン、アイスランド、シャム（タイ　1949年）、スウェーデン
1947年（57）	パキスタン、イエメン
1948年（58）	ビルマ（ミャンマー　1989年）
1949年（59）	イスラエル
1950年（60）	インドネシア
1955年（76）	アルバニア、オーストリア、ブルガリア、カンボジア、セイロン（スリランカ　1991）、フィンランド、ハンガリー、アイルランド、イタリア、ヨルダン、ラオス、リビア、ネパール、ポルトガル、ルーマニア、スペイン
1956年（80）	日本、モロッコ、スーダン、チュニジア

1957年（82）	ガーナ、マラヤ連邦（マレーシア　1963年）
1958年（82）*1	ギニア
1960年（99）	カメルーン、中央アフリカ共和国、チャド、コンゴ（ブラザビル）（コンゴ　1971年）、コンゴ（レオポルドビル）（コンゴ民主共和国　1997年）、キプロス、ダホメ（ベナン　1974年）、ガボン、コートジボワール、マラガシ共和国（マダガスカル　1975年）、マリ、ニジェール、ナイジェリア、セネガル、ソマリア、トーゴ、オートボルタ（ブルキナファソ　1984年）
1961年（104）*2	モーリタニア、モンゴル、シエラレオネ、タンガニーカ（タンザニア 1964年）
1962年（110）	アルジェリア、ブルンジ、ジャマイカ、ルワンダ、トリニダード・トバゴ、ウガンダ
1963年（113）	ケニア、クウェート、ザンジバル
1964年（115）*3	マラウィ、マルタ、ザンビア
1965年（118）	ガンビア、モルディブ諸島、シンガポール
1966年（122）	バルバドス、ボツワナ、ガイアナ、レソト
1967年（123）	イエメン民主主義人民共和国
1968年（126）	赤道ギニア、モーリシャス、スワジランド
1970年（127）	フィジー
1971年（132）	バーレーン、ブータン、オマーン、カタール、アラブ首長国連邦
1973年（135）	バハマ、ドイツ連邦共和国、ドイツ民主共和国
1974年（138）	バングラデシュ、グレナダ、ギニア＝ビサウ
1975年（144）	カーボベルデ、コモロ、モザンビーク、パプアニューギニア、サントメプリンシペ、スリナム
1976年（147）	アンゴラ、サモア、セーシェル
1977年（149）	ジブチ、ベトナム
1978年（151）	ドミニカ、ソロモン諸島
1979年（152）	セントルシア
1980年（154）	セントビンセントおよびグレナディーン、ジンバブエ
1981年（157）	アンティグア・バーブーダ、ベリーズ、バヌアツ

1983年（158）	セントクリストファー・ネイビス（セントキッツおよびネイビス　1986年）
1984年（159）	ブルネイ・ダルサラーム
1990年（159）*4	リヒテンシュタイン、ナミビア
1991年（166）	朝鮮民主主義人民共和国、エストニア、ラトビア、リトアニア、マーシャル諸島、ミクロネシア連邦、大韓民国
1992年（179）	アルメニア、アゼルバイジャン、ボスニア・ヘルツェゴビナ、クロアチア、ジョージア、カザフスタン、キルギスタン、モルドバ共和国、サン・マリノ、スロベニア、タジキスタン、トルクメニスタン、ウズベキスタン
1993年（184）*5	アンドラ、チェコ共和国、エリトリア、モナコ、スロバキア、マケドニア旧ユーゴスラビア共和国
1994年（185）	パラオ
1999年（188）	キリバス、ナウル、トンガ
2000年（189）*6	ユーゴスラビア連邦共和国、ツバル
2002年（191）	スイス、東ティモール
2006年（192）	モンテネグロ
2011年（193）	南スーダン

出典：　Growth in United Nations membership, United Nations, https://www.un.org/en/about-us/growth-in-un-membership

*1　エジプトとシリアが合併してアラブ連合共和国（UAR）を形成した。
*2　シリアがアラブ連合共和国を離れ、〔国連の〕席を再取得した。
*3　ザンジバルがタンガニーカと統合し、タンザニアを形成した。
*4　ドイツ民主共和国がドイツ連邦共和国と合併し、イエメンがイエメン民主主義人民共和国と合併した。
*5　チェコスロバキアが存在しなくなり、チェコ共和国とスロバキアに代わった。
*6　ユーゴスラビア社会主義連邦共和国が1992年に存在しなくなった。ユーゴスラビア連邦共和国が2000年に新加盟国として認められた。

付録B：国連総会決議第1514（XV）号、1960年

植民地諸国、諸人民に対する独立付与に関する宣言
採択　1960年12月14日　国連総会決議1514（XV）

総会は、

基本的人権、人間の尊厳と価値、男女および大国と小国の平等な権利への信念を再確認するため、そしてより大きな自由の中で社会的進展とより良い生活水準を促進するため、国連憲章において世界の人びとにより宣言された決意を想起し、

あらゆる人びとの平等な権利と自決、人種、性別、言語または宗教の区別なくすべての人びとに認められる人権と基本的自由の普遍的な尊重および遵守の原則を尊重することを基礎とする、安定、福祉および平和かつ友好的な関係の諸条件を生み出す必要性を意識し、

あらゆる従属民にある自由への情熱的切望およびそれらの人びとが自らの独立を達成する上での決定的な役割を認識し、

ますます多くの紛争がそのような人びとの自由の道を拒絶したり妨害することで生じており、そのことが世界平和の深刻な脅威となっていることを意識し、

信託統治および非自治地域の独立の動きを支援する上での国連の重要な役割を考慮し、

世界の人びとがあらゆる形態の植民地主義の終焉を熱望していることを認識し、

植民地主義の存続は国際経済協力の発展の壁となり、従属民の社会、文化、そして経済発展を妨害し、国連の普遍的平和という理想を阻止するということを確信し、

人びとは、互恵の原則と国際法に基づく国際経済協力の外で生じるいかなる義務への偏見なく、自分たち自身の目的のために、自由に自分たちの天然の富や資源を使用することができることを確認し、

解放のプロセスは抵抗できるものでも逆戻りさせられるものでもないということ、そして深刻な危機を回避するため、植民地主義とそれに伴う人種隔離や差別のあらゆる実践を終焉させなければいけないということを信じ、

近年、多くの植民地領域が自由と独立を得て出現したことを歓迎し、まだ独立を達成していない領域でも自由の獲得に向け強力な動きが加速していることを認識し、

あらゆる人びとに、自由、自らの主権の行使、そして自らの国の領域保全のために闘う奪われない権利があることを確信し、

迅速にかつ無条件で、あらゆる形態および存在の植民地主義を終焉させる必要性を厳粛に表明し、

この目的のために以下の通り宣言する。

1. 外国による征服、支配や搾取による人びとの服従は、基本的人権の否定であり、国連憲章に反し、世界平和と協力の促進を妨害する。
2. あらゆる人びとが自決の権利を持つ。その権利により、人びとは自由に政治的立場を決め、自由に自らの経済的、社会的、文化的発展を追求する。
3. 政治的、経済的、社会的、あるいは教育的な準備が不十分であることが、独立を遅らせる口実となってはならない。
4. 人びとが独立を完成させる平和で自由な権利を行使できるよう従属民に向けられるあらゆる武力行為またはあらゆる種類の抑圧的な措置は停止しなければならず、また、彼らの国の領域保全が尊重されなければならない。
5. 信託統治および非自治地域またはまだ独立を達成していない他のすべての領域において、あらゆる権威を、いかなる条件や留保もなく、人びとの自由に表現された意思と希望に従って、人種、信条や肌の色の区別なく、人びとが完全な独立と自由を享受できるように、当該領域の人びとに移譲するための迅速な手続きがとられなければならない。
6. ある国の国民統合や領土保全の部分的あるいは完全な妨害を目的としたいかなる試みも、国連憲章の目的と原則と相容れない。
7. すべての加盟国は、平等、すべての加盟国の国内問題不干渉、およびすべ

ての人びとおよび彼らの領土保全の尊重を基礎として、国連憲章、世界人権宣言、そしてこの宣言の各条項を誠実にかつ厳密に尊重しなければならない。

お薦め文献

Armitage, David, *The Declaration of Independence: A Global History* (Cambridge, MA: Harvard University Press, 2007)（デイヴィッド・アーミテイジ［平田雅博・岩井淳・菅原秀二・細川道久訳］『独立宣言の世界史』ミネルヴァ書房、2012年）

Bartkus, Viva O., *The Dynamics of Secession* (Cambridge: Cambridge University Press, 1999)

Brunet-Jailly, Emmanuel (editor), *Border Disputes: A Global Encyclopedia* [3 volumes] (Santa Barbara, California: ABC-Clio, 2014)

Buchheit, Lee C., *Secession: The Legitimacy of Self-Determination* (New Haven, CT: Yale University Press, 1978)

Buchannan, Allen, *Justice, Legitimacy, and Self-Determination: Moral Foundations for International Law* (Oxford: Oxford University Press, 2004)

Bühler, Konrad G., *State Succession and Membership in International Organizations: Legal Theories versus Political Pragmatism* (Leiden: Brill, 2001)

Caplan, Richard, *Europe and the Recognition of New States in Yugoslavia* (Cambridge: Cambridge University Press, 2005)

Caspersen, Nina, *Unrecognized States : The Struggle for Sovereignty in the Modern International System* (Cambridge: Polity, 2012)

Caspersen, Nina, and Gareth Stansfield (editors), *Unrecognized States in the International System* (London: Routledge, 2010)

Cassese, Antonio, *Self-Determination of Peoples: A Legal Reappraisal* (Cambridge: Cambridge University Press, 1995)

Chen, T., *The International Law of Recognition* (New York: Praeger, 1951)

Cobban, Alfred, *The Nation-State and National Self-Determination, Revised edition* (London: Collins, 1969)

Coggins, Briget, *Power Politics and State Formation in the Twentieth Century: The Dynamics of Recognition* (Cambridge: Cambridge University Press, 2014)

Crawford, James, *The Creation of States in International Law*, 2nd edition (Oxford, Oxford University Press, 2006)

Daase, C., et al. (editors), *Recognition in International Relations* (Basingstoke: Palgrave Macmillan, 2015)

Davies, Norman, *Vanished Kingdoms: The History of Half-Forgotten Europe* (London: Allen Lane, 2011)

De Vries, Lotje, et al. (editors), *Secession in African politics: Aspiration, Grievance, Performance, Disenchantment* (Basingstoke: Palgrave Macmillan: 2019)

Doyle, Don. H. (editor), *Secession as an International Phenomenon: From America's Civil Wat to Contemporary Separatist Movements* (Athens, GA: University of Georgia Press, 2010)

Fabry, Mikulas, *Recognizing States: International Society and the Establishment of New States since 1776* (Oxford: Oxford University Press, 2010)

Fazal, Tanisha M., *State Death: The Politics and Geography of Conquest, Occupation, and Annexation* (Princeton: Princeton University Press, 2007)

Fisch, Jörg, *The Right of Self-Determination of Peoples: The Domestication of an Illusion* (Cambridge: Cambridge University Press, 2015)

French, Duncan (editor), *Statehood and Self-Determination: Reconciling Tradition and Modernity in International Law* (Cambridge: Cambridge University Press, 2013)

Grant, Thomas D., *The Recognition of States: Law and Practice in Debate and Evolution* (Westport: Praeger, 1999)

Geldenhuys, Deon, *Contested States in World Politics* (Basingstoke: Palgrave Macmillan, 2009)

Grant, Thomas D., *Admission to the United Nations* (Leiden: Nijhoff, 2009)

Griffiths, Ryan D., *Age of Secession: The International and Domestic Determinants of State Birth* (Cambridge: Cambridge University Press, 2016)

Griffiths, Ryan D., *Secession and the Sovereignty Game, Strategy and Tactics for Aspiring Nations* (Ithaca, NY: Cornell University Press, 2021)

Griffiths, Ryan D., and Diego Muro (editors), *Strategies of Secession and Counter-Secession* (London: Rowman and Littlefield, 2020)

Gurr, Ted Robert, *People versus States: Minorities at Risk in the New Century* (Washington, DC: US Institute for Peace, 2000)

Heraclides, Alexis, *The Self-determination of Minorities in International Politics* (London: Frank Cass, 1991)

Jackson, Robert H, *Quasi-States: Sovereignty, International Relations and the Third World* (Cambridge: Cambridge University Press, 1990)

Ker-Lindsay, James, *The Foreign Policy of Counter Secession: Preventing the Recognition of Contested States* (Oxford: Oxford University Press, 2012)

Knop, Karen, *Diversity and Self-Determination in International Law* (Cambridge: Cambridge University Press, 2002)

Kohen, Marcelo G. (editor), *Secession: International Law Perspectives* (Cambridge: Cambridge University Press, 2006)

Kreijen, Gerard, *State Failure, Sovereignty and Effectiveness: Legal Lessons from the Decolonization of Sub-Saharan Africa* (Leiden: Martinus Nijhoff, 2004)

Lalonde, Suzanne, *Determining Boundaries in a Conflicted World: The Role of Uti Possidetis* (Montreal: McGill-Queen's University Press, 2002)

Lauterpact, Hersch, *Recognition in International Law* (Cambridge: Cambridge University Press, 1947)

Manela, Erez, *The Wilsonian Moment: Self-Determination and the International Origins of Anti-Colonial Nationalism* (New York: Oxford University Press, 2007)

Marshall, Tim, *Worth Dying For: The Power and Politics of Flags* (London: Elliot & Thompson, 2016)

Middleton, Nick, *An Atlas of Countries That Don't Exist: A Compendium of Fifty Unrecognized and Largely Unnoticed States* (Basingstoke: Macmillan, 2016)

Moore, Margaret (editor), *National Self-Determination and Succession* (Oxford: Oxford University Press, 1998)

Musgrave, Thomas D., *Self-Determination and National Minorities* (Oxford: Clarendon Press, 1997)

O'Brien William V. (editor), *The New Nations in International Law and Diplomacy* (London: Stevens and Sons, 1965)

O'Mahoney, Joseph, *Denying the Spoils of War: The Politics of Invasion and Non-Recognition* (Edinburgh: Edinburgh University Press, 2018)

Pavković, Aleksandar, with Peter Radan, *Creating New States: Theory and Practice of Secession* (Aldershot: Ashgate, 2007)

Pavković, Aleksandar, and Peter Radan, *The Ashgate Companion to Secession* (London: Routledge, 2011)

Pegg, Scott, *International Society and the De Facto State* (Aldershot: Ashgate, 1999)

Pomerance, Michla, *Self-Determination in Law and Practice: The New Doctrine in the United Nations* (The Hague: Martinus Nijhoff, 1982)

Raič, David, *Statehood and the Law of Self-Determination* (The Hague: Kluwer Law International, 2002)

Roberts, Ivor, (editor), *Satow's Diplomatic Practice*, 7th edition (Oxford: Oxford University Press, 2018)

Roeder, Philip G., *Where Nation-States Come From: Institutional Change in the Age of Nationalism* (Princeton, NJ: Princeton University Press, 2007)

Qvortrup, Matt, *Referendum and Ethnic Conflict* (Philadelphia: University of Pennsylvania Press, 2014)

Şen, Ilker Gökhan, *Sovereignty Referendums in International and Constitutional Law* (London: Springer, 2015)

Sorens, Jason, *Secessionism: Identity, Interest and Strategy* (Montreal: McGill-Queen's

University Press, 2012)
Talmon, Stefan, *Recognition of Governments in International Law* (Oxford: Oxford University Press, 2006)
Tomuschat, Christian (editor), *Modern Law of Self-Determination* (Dordrecht, The Netherlands: Martinus Nijhoff, 1993)
Visoka, Gezim, et al. (editors), *Routledge Handbook of State Recognition* (London: Routledge, 2019)
Wellman, Christopher Heath, *A Theory of Secession: The Case for Political Self Determination* (Cambridge: Cambridge University Press, 2005)